本书系全国教育科学"十三五"规划2019年度教育部重点课题"历史演进与价值选择：建国70年本科教学政策研究"的阶段性成果（项目批准号DIA190391）

我国本科教学政策的历史演进与价值选择研究

轩　颖　著

东北大学出版社

·沈　阳·

图书在版编目（CIP）数据

我国本科教学政策的历史演进与价值选择研究 / 轩

颖著. -- 沈阳：东北大学出版社, 2024.7. -- ISBN

978-7-5517-3562-9

Ⅰ. G649.2

中国国家版本馆 CIP 数据核字第 20242FD468 号

出 版 者：东北大学出版社
　　　　　地址：沈阳市和平区文化路三号巷11号
　　　　　邮编：110819
　　　　　电话：024-83683655（总编室）
　　　　　　　　024-83687331（营销部）
　　　　　网址：http://press.neu.edu.cn
印 刷 者：辽宁一诺广告印务有限公司
发 行 者：东北大学出版社
幅面尺寸：170 mm × 240 mm
印　　张：8
字　　数：144 千字
出版时间：2024 年 7 月第 1 版
印刷时间：2024 年 7 月第 1 次印刷
策划编辑：周文婷
责任编辑：杨　坤　王　程
责任校对：周文婷
封面设计：潘正一
责任出版：初　茗

ISBN 978-7-5517-3562-9　　　　　　　定　价：60.00 元

本书系全国教育科学"十三五"规划2019年度教育部重点课题"历史演进与价值选择：建国70年本科教学政策研究"的阶段性成果（项目批准号DIA190391）

目 录

第一章　本科教学政策理论问题

新中国成立以来，尤其是改革开放以来，深化教学改革、提升教育教学质量一直是我国高等教育发展的主旋律。进入新世纪以来，随着高等教育大众化的快速推进，本科教学改革的紧迫性和重要性日益突出，已经引起了各级教育行政主管部门和社会各界的广泛关注。

一、教育政策概念与内涵

从逻辑学意义上看，政策、公共政策、教育政策三个概念之间是上位概念与下位概念的关系。

（一）政策

《牛津英语词典》将"政策"界定为"政府、政党、统治者和政治家等采取或追求的一系列行动；所采取的任何有价值的行动系列"。卡尔·弗雷德里奇认为，政策是"在某一特定的环境下，个人、团体或政府有计划地活动过程"[①]。因此，从制定主体的角度来看，政策主体可以是政府、政党、社会团体（组织），甚至是个人。政策可以说是外延极其广泛的概念。从内涵上讲，"政策"强调的是有目的有计划地组织协调行为。

（二）公共政策

公共政策是政策的下位概念，代表性观点主要有，美国公共行政学的鼻祖伍德罗·威尔逊认为："公共政策是由政治家（具有立法权者）制定的并由行政人员（国家公务人员）执行的法律和法规。"政策科学的创始人哈罗德·拉斯韦尔认为："公共政策是一种含有目标、价值和策略的大型计划。"

---

① FRIEDRICH C J. Man and his government: an empirical theory of politics [M]. New York: McGraw-Hill Book Gompany Inc., 1963: 79.

戴维·伊斯顿对于公共政策的界定为，"公共政策是对全社会的价值作权威性分配"，"一项政策是由配置价值的一系列决定和行动构成"。托马斯·戴伊提出："凡是政府选择做的或者不做的事情就是公共政策。"[①]在日常社会生活和政策科学研究中，人们在许多情况下，把公共政策直接称为政策，二者基本上是互换使用的，这是对政策的一种狭义理解[②]。

与政策相比，公共政策的外延较小，公共政策是一个国家或社会政策整体最主要的组成部分，它特指由政府及其官员和机构所制定的政策。制定公共政策的基本目的是利用国家公共权力来解决社会的公共问题。从内涵上看，公共政策的本质属性是公共性。

（三）教育政策

教育政策是公共政策的下位概念，外延更小，是由官方主体制定的为解决教育领域社会问题和社会关系的决定与行动。教育政策包括法律化教育政策（即教育法律）和非法律化教育政策两部分。从内涵上看，教育政策与公共政策的差异性主要在于教育政策以受教育者的利益为出发点，价值分配的基本原则是保证所有人获得均衡的生存与发展机会。教育政策作为教育实践的行动依据，其价值不仅在于为教育教学理论提供源头活水，而且在于以政策创新推动教育实践变革。

二、教育政策的功能与价值向度

（一）教育政策的功能

1. 教育政策的基本功能

教育政策不仅具有政策的本质特征——实现一定的政策目标，而且教育政策有自身的特殊性，这是由教育的规定性决定的。教育政策在价值取向、协调社会关系、利益分配等方面都有区别于其他社会政治、经济、文化政策的特殊性。在价值取向上，教育政策的制定更要注重未成年人的利益，包括身体健康、心理健康、具有较强的社会适应性、享受未成年人应有的生活等。也就是将未成年人的生存利益放在第一位，在政策制定中是可以牺牲一

---

① 托马斯·戴伊. 理解公共政策 [M]. 彭勃，等译. 北京：华夏出版社，2004.

② 刘复兴. 教育政策的边界与价值向度 [J]. 清华大学教育研究，2002（1）：70-77.

定的社会政治、经济利益的，在统治阶级利益和未成年人利益不能兼顾的情况下，也应该将未成年人利益放在优先的地位。未成年人是祖国和民族的未来，这是毋庸置疑的。

在协调社会关系方面，教育政策负有与其他政策基本相同的责任，所不同的是，教育政策协调的关系基本围绕未成年人成长过程中的各种关系，包括未成年人与学校、教师、家庭、社会的关系；学校、教师、家庭、社会之间的政治、经济、文化关系。在这些关系中，未成年人处于弱势地位，一般不会主张自己的权利，往往由家长、教师或学校代表权利，这些权利主张掺杂着成人意志，所以教育政策在协调各种关系时，要充分考虑未成年人的特点，而不是仅仅考虑未成年人权益代表者的利益。

在利益分配方面，教育政策所面临的问题和挑战都非常大。从20世纪西方公共教育政策价值取向的演进逻辑来看，教育政策已逐步从注重教育功能走向注重教育功效。[①]法国学者埃米尔·迪尔凯姆认为，教育的根本任务在于使年轻一代系统地社会化。教育的功能在于我们"怎样才能以及在多大程度上能够达到这一目的"，这是典型的教育功能观。迪尔凯姆的这一论点与帕森斯的结构功能主义理论一起成为20世纪30年代后主宰西方社会科学领域的主流理论，教育领域的诸多问题也都由结构功能主义的理论框架来分析。20世纪60年代，人力资本理论逐渐成为人们所倾向和信仰的观点，逐渐取代了结构功能主义的垄断地位，尤其是20世纪90年代，市场力量的介入、发展和主宰，使原来所有的状况都发生了转变，甚至国家、社会的统一价值不复存在，市场成为唯一的评判者，知识的价值是由其对个体的有用性来决定的。学校与其说是一个培养人的机构，还不如说更像是一个大卖场，知识和受教育者都成为商品出售。"知识不是根据自身的'构成'价值或政治（行政、外交、军事）重要性得到传播，而是被投入与货币相通的流通网络"，像商品一样提供给学生。[②]随之而来的，政府更青睐于教育投资获得的收益，受教育者及其家庭教育需求也不断增加，不能满足于是否受教育，更多关注教育的质量、教育的投入及由教育带来的职业发展方面的效果。在这种形势下，英国、美国等发达国家也主张学校的逐步市场化，奉行"消费者

---

① 阎光才. 教育的功能、功用到功效：20世纪西方公共教育政策价值取向的演进逻辑 [J]. 比较教育研究，2002（3）：7-12.

② 利奥塔尔. 后现代状态：关于知识的报告 [M]. 车槿山，译. 北京：生活·读书·新知三联书店，1997：105.

利益至上主义"，各国教育政策都在这点上有所体现。教育功效观已经渗入人心，教育经济功能已经成为教育最为重要的功能。在以市场逻辑分配利益的功利主义背景下，教育政策应该确定一种怎样的利益分配原则？毫无疑问，以市场逻辑分配利益必然将导致有获益方和失利方、人与人的差别性发展、贫富差距的扩大化、社会地位的两极化等，这些结果都不应该存在于教育领域。因此，在我国目前的国情下，教育政策的制定应该保障利益分配能确保未成年人的基本权益，不以获利为目的而危害未成年人的成长。这是分配教育利益的原则，也是教育维护社会公正、确保社会健康发展的重要使命。

2. 教育政策的应然功能

教育政策最首要的功能就是保障受教育者（以未成年人为主）的生存发展权益，教育政策所应具备的首要调控功能就是考虑保障未成年人的生存权和发展权，即促进人的身心全面发展。

为促进人的身心得到全面发展，应该将体力、智力、情绪、伦理各方面的因素综合起来，从而使人成为一个完善的人，应该达到以下基本要求。

（1）应该提供给每个人得以发展的基本机会。发展的基本机会主要是指获得相同起点的机会。由于个体家庭背景的差异和智力水平的不同，个体在发展起点上存在先天性的差异，这是客观存在的。国家通过义务教育为未成年人提供发展的机会，在教育机会的提供上保证起点公平，并尽可能弥补学生存在的先天性差异，这是由义务教育的公共性决定的，这是国家的"义务"，更是人得以全面发展的重要前提。

（2）应该给每个人选择的机会。人与人之间的差异是客观存在的，教育的作用是使个体能够获得自身需要和特点的发展，而不是取得一致性的发展，否则就违背了教育规律。因此，在提供义务教育政策过程中，应给予个体选择的机会，包括选择学校、教学手段、学习内容等，以满足自身全面发展的差异性需求。

（3）应该给每个人通过教育实现合理流动的机会。教育具有社会流动的功能，通过教育，个体能够实现在不同的社会区域、社会层次、职业岗位之间的转换、调整和变动。基础教育是必不可少的"走向生活的通行证"，它使受教育者能够选择自己将要从事的职业，参与继续学习或建设集体的未来。义务教育政策通过保障受教育者的社会流动而实现对受教育者发展权利和生存资源的合理分配，从而不能造成教育的分化和社会阶层的严重分化。

（4）应该给每个人充分发展的空间和环境。要获得个体身心全面发展，就要具有一定的发展空间和环境，在紧缩的空间及巨大的生活压力和精神压力下，个体难以得到潜在可能的发展，只有在适度自由的空间和环境中，个体的发展才是充分和谐的。

（二）教育政策的价值向度

价值取决于客体，但也不完全取决于客体，是客体对主体的高效益；价值也取决于主体，但也不能完全归结为主体，是主体对客体的一种需要。根据马克思主义关于价值的观点，教育政策的价值应该是教育政策的客体属性与主体需要在实践的基础上所形成的一种效用关系。

教育政策的价值可分为教育政策的个体价值和社会价值，以及这种个体价值和社会价值中的工具价值和目的价值。教育政策可以表现为隐性价值与显性价值、应然价值与实然价值、直接价值与间接价值。

教育政策的价值应满足教育政策决策主体、咨询主体、执行主体、评价主体的需要，起到良好的协调利益表达的作用，达成利益的集中和分配方案。

教育政策的生成是一个利益流动和纷争，并最终达成利益分配和再分配的过程，显性价值只是整个教育政策价值的一个片段。应当运用系统的眼光和整体的视角，追思政策形成背后利益表达和利益综合的隐性过程，追溯事件从动态向静态发展的整个过程，深刻理解显性价值和隐性价值的紧密关联，理性把握显性价值与其背后所沉淀的隐性价值的统一。通过显性价值与隐性价值的统一，避免对教育政策断章取义，造成教育政策的偏离或失真。应然价值是教育政策的本体价值，是教育政策的理想价值；实然价值是教育政策的现实价值，是教育政策表现出来的事实价值。实然价值依赖于应然价值发挥作用，应然价值决定实然价值的功能。现阶段，教育政策应当是一个实然价值向应然价值回溯的过程。另外，教育政策的直接价值是间接价值的根基，两者是不可分离的。教育政策对象作为自然主体和社会历史主体的统一，是实现直接价值和间接价值统一的关键。

基于三对价值的统一的教育政策价值，才是具有完整内涵的教育政策价值，才是具有严密逻辑架构的教育政策价值。只有在理论上达到对教育政策价值的深刻理解和理性把握，才能在实践中降低教育政策成本，提高教育政策效率。

教育政策基本价值特征包括合法性、合理性和有效性三个向度。

1. 合法性

合法性这个概念一般用于在社会学和政治学中讨论社会秩序、社会规范、国家统治类型和政治秩序等问题。①从某种意义上讲，合法性的概念已成为理论社会学和政治学的核心概念。一般认为，"合法性"表明某一事物具有被承认、被认可、被接受的基础。至于具体的基础是什么（如某条法律、规则、习惯、标准或逻辑），则要看实际情境而定。②或者说，合法性"是社会秩序和权威被自觉认可和服从的性质和状态"③。洛克在《政府论》（下）中较早地论述了合法性概念，他认为，政治权力要获得合法性，就必须符合自然法、符合人民利益，并因此获得人民同意和认可，获得合法性。洛克强调个人是个人权利的支配者，这是个人最基本的所有权，个人能够按照自己的意愿行动。因此，洛克强调保障权利的权力才能获得合法性，人们才能认可和服从。国家政府的本质是保障人们的生命财产和自由，每个人的同意是政府存在的基础，任何时候政府合法与否都取决于公民同意与否。

马克斯·韦伯在社会学领域进行了充分的合法性研究，他重点分析了人的动机与行为之间的关系，认为只有制度本身具有合法性，对制度的遵守才能是相对稳定的。在服从"统治"的行为动机中，由于对合法性的信仰而服从统治是最为稳定持久的。由命令和服从构成的每一个社会活动系统的存在都取决于它是否有能力建立和培养对其存在意义的普遍信念，这种信念也就是其合法地存在。统治的正当性与对统治的认同的总和构成了统治的合法性。"每一种这样的制度都试图建立和培养对合法性的信念"，这样统治就成了一种"建立在一种被要求的不管一切动机和利益的、无条件顺从的义务之上"④，基于合法性信念的统治是出于自愿地服从，至于一种统治形式存在的客观基础历史条件等都被抹杀了，因此有人将韦伯的理论看作以科学化技术化的面目出现的统治术⑤。

帕森斯认为，合法性来自社会的价值规范体系，即社会的"制度模式根据社会系统价值基础被合法化"⑥。他尤其强调合法性"在具体情况下始终

---

① 苏力，等. 规制与发展：第三部门的法律环境［M］. 杭州：浙江人民出版社，1999：312.

② 同①：311-312.

③ 俞可平. 治理与善治［M］. 北京：社会科学文献出版社，2000：9.

④ 马克斯·韦伯. 经济与社会：下卷［M］. 北京：商务印书馆，1997：265.

⑤ 姜朝晖. 权力论：合法性合理性研究［D］. 苏州：苏州大学，2005.

⑥ T. 帕森斯. 现代社会的结构与过程［M］. 梁向阳，译. 北京：光明日报出版社，1988：161.

是个经验问题，而且决不能先验地假定"①。事实阐明了合法性的历史性特征，在不同时代不同场域中，合法性的判断因素都是存在差异的。阿尔蒙德认为："如果某一社会中的公民都愿意遵守当权者制定和实施的法规，而且还不仅仅是因为若不遵守就会受到惩处，而是因为他们确信遵守是应该的，那么，这个政治权威就是合法的……正因为当公民和精英人物都相信权威的合法性时，要使人民遵守法规就容易得多，所以事实上所有的政府，甚至最野蛮最专制的政府，都试图让公民相信，他们应当服从政治法规，而且当权者可以合法地运用强制手段来实施这些法规。"②也就是说，证实统治的合法性是每个政府都必须要做的事情，并且可以通过强制灌输、教育宣传等方式获得。

哈贝马斯的研究属于规范主义，主要进行的是合法性论证，即怎样才是合法的。哈贝马斯认为："只有政治秩序才拥有着或丧失着合法性，只有它们才需要合法化。"③他指出，"合法性意味着，对于某种要求作为正确的和公正的存在物而被认可的政治秩序来说，有着一些好的根据。一个合法的秩序应该得到承认。合法性意味着某种政治秩序被认可的价值。"④哈贝马斯重视的是政治秩序得以认同的"价值"，而不是简单得到认同的"事实"。统治者通过善于解释或手段获得了大众的认可和信仰，不等于政治秩序就获得了合法性。洛文索认为，每一不同的社会和文化均有特殊界定合法性的方法和标准，当代一个长久的政治秩序的合法性应具备三个条件，即政治体系建立一套明确一致的运作规则；统治者与民众拥有一套广泛的价值共识；民众深信既定的运作程序，以达成共同的价值共识。⑤

从西学词源上看，"合法性"可以对应西学 justification，legitimacy，legality 和 validity 四个概念。justification 更强调"正当""常指思想理由上的合法性"；由于 legitimacy 产生时的含义，一直被理解为"政治统治和合法性"；legality 常指遵守和合乎法律；validity 的概念常常等同于"有效性"，有效性包含了规范的正确性，即合法性。本书采用的合法性的西语词源是 legitimacy，词根与"法"相联系，但不限于法律，主要是指政治统治的合法性⑥。如果

---

① T. 帕森斯. 现代社会的结构与过程 [M]. 梁向阳，译. 北京：光明日报出版社，1988：144.

② 阿尔蒙德. 比较政治学：体系、过程和政策 [M]. 上海：上海译文出版社，1987：35-36.

③④ 哈贝马斯. 交往与社会进化 [M]. 张博树，译. 重庆：重庆出版社，1989：184.

⑤ 胡伟. 在经验与规范之间：合法性理论的二元取向及意义 [J]. 学术月刊，1999（12）：79-81.

⑥ 赵爽. 教育政策合法性研究 [D]. 长春：东北师范大学出版社，2005：167.

将"合法性"一词中的"法"等同于"法律","合法性"即被定义为符合实体法和程序法的要求,是一种不完整的解释。

根据以上概念,可以判断合法性的基本内涵。首先,合法性的主要对象为政治秩序或规范;其次,合法性的获得主要依托于政治秩序或规范能够获得价值认可;最后,由于不同时代的主流价值观不同、人的认知水平不同,因此不同时期政治秩序的合法性特征也不尽相同,也就是说,合法性具有历史性特征。

政策合法性是国家政治权力合法性的组成部分,也是国家政治权力合法性的保障。政策合法性的来源与国家政治权力合法性来源有共同的部分,即都要获得社会公众的认同。除此之外,政策要获得合法性,还必须符合政府理念和政府运行机制的要求。

2. 合理性

政策的合法性判断是以是否满足政策主体的现实需要为标准的,但是不论是政府的意识形态、当下的政府运行机制、现行法律法规,还是公众的教育需求,都受到社会背景、人类思维水平、生产力水平、社会心理等因素的影响而表现出明显的局限性、历时性、时效性,例如,当前我们不会认同"重点校"政策的合法性。可见合法性判断与人类社会当前发展水平相一致,同时受制于人类社会当前的发展水平。因此,仅仅以是否具有合法性对教育政策进行价值判断是不全面的,我们还需要对教育政策进行合理性分析。"合理性主要是指某一事物的运作和活动符合客观事实和科学的规律"[①],我们要在规律性认识的基础上,对教育政策进行合理性判断。

合理性问题是20世纪以来西方哲学的主题之一,哈贝马斯认为:"哲学通过形而上学之后,黑格尔之后的流派,向一种合理性理论集中"[②]。对于合理性问题的哲学关注,既促进了政策科学的当代发展,也使合理性问题在政策科学中的地位不断凸显,成为政策科学研究中的重大问题。从字面上看,合理性可以被分解为"合乎于理之特性",其中的"理"可以被理解为真理、理性、伦理等。合理性一般被认为是合乎"理性",但在英文中,合理性一词并不是直接由理性转化而来的,而是作为形容词的"合理的"一词名词化而来的,因此,合理性不能简单地等同于理性。理性是实现合理性

---

① 袁振国. 中国教育政策评论(2001)[M]. 北京:教育科学出版社,2001:30-31.

② 哈贝马斯. 交往行动理论:上[M]. 重庆:重庆出版社,1994:15.

的工具，合理性需要依靠理性判断问题，以理性建构合理性的框架，以是否符合理性认识作为合理性评价的普遍标准。德国哲学家施耐德巴赫曾说："我们不能再把理性想成是一种实体、一种结构或一种总是适用的规律性的总体……理性并不是宇宙或历史的本质或基本规律，同样不是人的灵魂的本质或基本规律。这样就剩下了一个可能：理性是人的理智地存在的能力……如果没有人的'合理性'的安排处置，世界也就无所谓合理的东西。"可见，理性表明的是一种认识工具，合理性先要以"理性"为认识工具，再建立符合事物发展规律的合理性的理论框架。合理性是在理性思考基础上形成的符合规律的规则、规范和秩序，往往体现为一种符合规律性。由于人"理性"认识的局限性，合理性分析必然存在有限性，合理性不等于真理性。

合理性与合法性是既有区别又存在广泛关联的两个概念。具有合法性的政策不一定具有合理性，具有合理性的权力不一定具有合法性；合法性具有历史性特征，合理性具有共时性特征；合法性本质上是合目的性分析，合理性本质上是合规律性分析。与合法性相比，合理性更符合人类社会发展的整体趋势，因此可以说，人类的历史是不断趋向合理性的过程，在趋于合理性的发展过程中，形成了人们基于不同水平的关于合理性的合法性认识。

决策者对教育政策领域客观事实和关系的科学认识，是教育政策的合理性来源。教育政策的合理性分析，就是在对教育政策领域客观事实和关系的规律性认识的基础上，建立分析具体教育政策的框架，并就此判断教育政策是否具有合理性。首先，从基本范畴上讲，对教育政策的合理性的分析首先应从国家公共政策应具备的本质和功能来判断。其次，应从教育政策具有的功能入手，判断其是否具有合理性。最后，必须符合具体教育阶段的规定性，教育的规定性决定着高等教育政策的应然功能，也是重要的合理性的判断依据。因此，对公共政策本质和功能的规律性认识，对教育政策功能的规律性认识，对具体教育活动规定性的规律性认识，形成了对教育政策进行合理性判断的基本框架。

3. 有效性

有效性是对政策执行结果的分析。有效性不等于合法性，也不等于合理性。有效性指的是作用，而合法性是确定价值。有效性与合法性之间也不是简单的因果关系，一项政策具有有效性不等于具有合法性；反过来，具有合法性的政策不一定具有有效性，"有效而缺乏合法性的政治制度，比效率低但合法性高的政治制度更不稳定"。但有效性与合法性具有正相关性，罗斯切尔德认为，如果"政治体系能长期满足成员的需要和利益，也可获得统治合法性；同时，即使这一传统的政治体系完全拥有合法性，但如果长期表现统治的无效性，其合法性就将被侵蚀殆尽"。也就是说，有效性的不断累积和叠加能够提高政策自身的合法性，其是否有效可以作为判断政策是否具有合法性的标准。有效性与合理性之间也不是简单的等同关系，一般情况下，具有合理性的政策基本具有有效性，但具有有效性的政策不一定具有合理性。

何谓有效性？其中的"效"可以指称三种意思，即效果、效率或效益。这三个概念有较大的区别："效果"考虑的是行动最终获得的成果大小，在成果获得过程中付出的代价不是"效果"需要考虑的。"效率"的重点在于"率"，"率"是投入和产出的对比：投入大产出少，"效率"低；投入小产出多，"效率"高。效率包括效果，但效率更重视代价与效果之间的比例。"效益"的意义更为广泛，"益"强调的是活动不仅要产生效果，减少投入和代价，还要对社会有益，即活动的产出应具有正向价值。

本书是针对政策进行的研究，政策作为人类有目的地改造社会的行为，政策的成功、政策的失败、政策的失真实际上取决于施行政策的过程是否有效地实现了从政策目标到政策结果的转化。基于此，本书对政策有效性的分析主要是一种"效果"的分析，即分析政策结果是否符合政策意图和目的，包括对照两者的吻合程度、背离程度及因此带来的相关结果。

在社会学领域，吉登斯按照意图与行为结果的关系将行为结果分为两种情形：第一种情形是"行动者可以达到他们想要达到的意图，但却不是通过他们的能动行为"；第二种情形是"有意图的举动特有地引起一系列的后果，这种后果可以合理地认定为行动者所做，但是实际上他们并不希望这样"。第一种情形是有行为目的但没有实施相应的行为，结果与目的取得一致，这是一种幸运的结果，没有研究意义。第二种情形实际上产生的是"有意图举动的未预期后果"，是有行为目的，实施了相应的行为，结果却与行为目的不一致。关于第二种情形，吉登斯还指出一类情况是"在有意获得的结果的地方也导致了其他一些结果"。例如一个人开灯是想让房间亮起来，但也可能起到警告小偷的作用。[①]

可以将吉登斯的理论归纳为三种划分行为结果类型的维度。维度一是结

---

① 吉登斯. 社会学方法的新规则 [M]. 田佑中，刘江涛，译. 北京：社会科学文献出版社，2003：164-165.

果是否被预期，也就是结果是否可知，分为预期结果和未预期结果（或意外结果）。不想发生什么事和不知道会发生什么事是有区别的，结果的可知程度标志着行为的可控程度和行为目的本身的合理程度。维度二是结果是否与目的一致，分为与目的同质结果和与目的异质结果。维度三是结果具备怎样的性质，可分为积极结果、消极结果、无意义结果。无论结果是否与目的一致，都可分为积极、消极、无意义三种可能。例如，开灯照明警告小偷是未预期异质的积极结果，而关灯省电引来小偷就是未预期异质消极结果。也就是说，有些意外结果是不想要的结果，但有的意外结果是可遇而不可求的积极结果。

按照三个维度的划分标准，可以将行为结果分为十二种类型，即预期同质积极结果、预期异质积极结果、预期同质消极结果、预期异质消极结果、预期同质无意义结果、预期异质无意义结果、未预期同质积极结果、未预期异质积极结果、未预期同质消极结果、未预期异质消极结果、未预期同质无意义结果、未预期异质无意义结果。其中，预期同质积极结果、预期异质积极结果、未预期同质积极结果、未预期异质积极结果是理想的行为结果；预期同质消极结果、预期异质消极结果、未预期同质消极结果、未预期异质消极结果是最不想获得的结果；预期同质无意义结果、预期异质无意义结果、未预期同质无意义结果、未预期异质无意义结果是无关紧要的结果。

三、本科教学政策边界与价值

1. 研究边界

高校本科教学改革从宏观上看就是人才培养模式的改革。所谓人才培养模式，是与人才培养有关的教育思想、学科专业划分与设置、课程体系、课程内容、教学方式方法、教学评价等所有环节的总和[①]。其中任何一个环节的变动都是教学改革的重要内容，因而涉及任何一个环节的政策都属于本科教学改革政策的范畴。

2. 研究价值

教学工作是高校人才培养过程的核心，是高校履行其社会功能的基本途径。伴随着改革开放以来我国社会的全面转型，高等教育教学工作也由上到

---

① 王伟廉. 中国大学教学运行机制研究［M］. 广州：广东高等教育出版社，2005：3.

下、由点到面、由局部到综合进行了全方位的适应性变革。我国高等教育经过近年来的大发展，当前进入了以提高质量、内涵发展为主的时期。

从历史、现实和未来看，人才培养都是大学的本质职能，随着我国经济体制的完善和经济结构的战略性调整，全社会对高等教育人才培养的质量提出了新的更高要求。本科教育是大学的根和本，是在高等教育中具有战略地位的教育，是纲举目张的教育。尤其是2018年6月21日新时代全国高等学校本科教育工作会议的召开，这是改革开放以来，教育部首次召开的专门研究部署本科教育的会议，本科教育被放在了前所未有的战略高度，该会议明确提出"高教大计、本科为本，本科不牢、地动山摇"。150所高校联合发出《一流本科教育宣言》即"成都宣言"，做出"培养一流人才、建设一流本科教育"的承诺。大学教学改革是大学教学发展的最主要的途径[①]。

教学改革是旨在促进教育进步，提高教学质量而进行的教学内容、方法、制度等方面的改革，本科教学是本科教育的主体和基础，本科教学改革的成效是提高高等教育质量的重点和关键。

---

① 肖念. 对中国大学教学改革逻辑的思考［J］. 中国大学教学，2012（7）：7-9.

第二章 本科教学政策历史演进

我国本科教学发展的演进历程分为起步期、恢复期、探索期、推进期、提升期、深化期、加速期七个阶段。

一、本科教学发展起步期（1949—1977年）

（一）时代背景考察

1. 奠基期：在旧教育改造和全面复苏中前行（1949—1956年）

为加快构建全新的社会主义教育体系和满足中国特色社会主义建设者和接班人的迫切需求，1949年11月教育部明确提出高等教育要"服务于国家建设，特别是经济建设""根据经济需要设专业"等办学要求，明确了新中国高等教育以"专才"为培养目标的总方向，并通过接收、整顿、合并的方式接管了国民党统治区的205所高等学校（其中公立高校、私立高校和教会学校分别为124所、60所和21所）。1949年12月，新中国第一次全国教育工作会议在北京召开。该会议确立了关于"教育改造"的方针为："以老解放区新教育经验为基础，吸收旧教育的有用经验，借助苏联经验，建设新民主主义教育。"该会议决定采取"坚决改造、逐步实现"的方式对旧教育进行合理、有效的改造，并提出"特别要借助苏联教育建设的先进经验"的指导思想。此后，我国于1951年将21所教会学校系统改造为12所公办学校和9所由中国人创办的私立学校，并开始全面仿照"苏联模式"构建新中国高等教育体系。

1950年8月，中央教育部颁布《高等学校暂行规程》，规定了高等学校的宗旨是以理论与实际一致的教育方法，培养具有高级文化水平，掌握现代科学和技术的成就，全心全意为人民服务的高级建设人才，并对高等学校的入学、课程、考试、毕业、行政组织、社团等进行了明确的规定。"大学及专门学院各系课程，应根据国家建设的需要及理论与实际一致的原则制定。大学及专门学院应将各科目的教学计划及教学大纲，报请中央教育部备案"。在 1951 年关于 1950 年全国教育工作总结的报告中，提到"高等学校课程改革的决定，拟定五十四种课程草案。"

1952 年，我国借鉴苏联高度集中统一管理、设置综合大学和专门学院等经验，将高等教育纳入国家统一管理规划之中，并在全国范围内进行高等院系的大调整。此后，我国私立高校全部被调整为公立高校，部分沿海和大城市的高校纷纷迁往内地，51 所综合性高校也被分拆，减少为 21 所。同时，国家开始着手建设独立建制的工科院校，取消或停止政治学、社会学等人文社科类专业，新设钢铁、航空等专门学院与专业，基本形成每个省份都有综合性大学和专门学院的局面，确立了新中国成立初期高等教育由"中央调控、国家办理"的基本格局。此外，我国还按照苏联教学模式，从设置马列主义政治理论课、引进苏联教科书、加强社会实践环节、制订教学计划等方面开展教学改革。在此期间，全国约四分之三的高校进行了院系调整和专业设置，工科、农林、师范、医药院校的数量从此前的 108 所增加到 149 所，有效满足了当时社会对各行各业"专才"的需求。

1956 年 5 月，中央高等教育部颁布了《中华人民共和国高等教育章程草案》，以法令的形式将"仿苏"经验规定下来，苏联模式的高等教育体系在我国基本确立。截至 1956 年，我国普通高等学校数量和在校生人数分别由 1953 年的 181 所高校和 21.2 万名在校生增长为 227 所高校和 40.3 万名在校生。

2. 低谷期："教育大革命"与"文化大革命"的双重重创（1957—1976 年）

1957 年后，随着国际国内政治局势的变化以及中苏关系的破裂，广大知识分子开始反思以苏联模式为蓝本的高等教育体制，并围绕"专才"培养、大学设置专业面过窄等问题展开激烈讨论。如毛泽东曾在《关于正确处理人民内部矛盾的问题》中明确提出要注重学生德、智、体几个方面的综合发展。1958 年后，受到社会主义改造完成和提前超额完成"一五"计划的鼓舞，我国迫切希望迅速改变一穷二白的局面。然而，由于对经济社会现实的"失整体性"认识及社会主义建设经验的欠缺，我国出现了"急于求成"的冒进倾向，"大跃进""浮夸风"愈演愈烈，并延伸至教育领域。"教育必须为无产阶级政治服务"的口号得到"鼓与呼"，"教育大革命"一触即发。1958 年 9 月，中央提出"15 年左右时间内普及高等教育"，掀起了全国各地大办高等教育的热潮。在此期间，高校数量由1957年的229所激增至1958年的791所，1960年更高达1289所，三年内增长463%。

1958年中共中央和国务院发出的《关于教育工作的指示》中提到，高等学校的教材应该在党委领导下，采取党委、教师、学生"三结合"的方法。制定教学大纲的时候，也应当采取党委领导下教师与学生结合的方法。教授课程必须贯彻执行理论与实际联系的原则，应当在党委领导下，尽可能采取聘请有实际经验的人同专业教师共同授课的方法。

1959—1961年是"三年困难时期"，包括高等教育在内的社会各项事业均受到严重影响。1961年后，在国家"调整、巩固、充实、提高"方针指导下，高等教育采取"定、缩、并、迁、放、停"的方针进行整顿，高校数量又由1960年的1289所减少至1963年的407所，三年内减少了882所高校。

1961年9月颁布的《中华人民共和国教育部直属高等学校暂行工作条例（草案）》（简称"高教六十条"），回顾了新中国成立12年来我国高等教育的发展变化、存在的缺点及需要着重解决的问题，明确提出"高等学校必须以教学为主，努力提高教学质量"。

"高校六十条"分为总则、教学工作、生产劳动、研究生培养工作、科学研究工作、教师和学生、物质设备和生活管理、思想政治工作、领导制度和行政组织、党的组织和党的工作等10章，共60条。规定高等学校学生的培养目标是：具有爱国主义和国际主义精神，具有共产主义道德品质，拥护共产党的领导，拥护社会主义，愿为社会主义事业服务、为人民服务；通过马克思列宁主义、毛泽东著作的学习，和一定的生产劳动、实际工作的锻炼，逐步树立无产阶级的阶级观点、劳动观点、群众观点、辩证唯物主义观点；掌握本专业所需要的基础理论、专业知识和实际技能，尽可能了解本专业范围内科学的新发展；具有健全的体魄。高等学校必须以教学为主，努力提高教学质量。

截至1965年，我国有434所普通高校和67.4万名在校生。然而，1966—1976年的"文化大革命"却使稍有起色的高等教育直接跌至谷底。随后，知识分子受到迫害，工农兵接管学校，大学学制被压缩……直接导致高等教育的停滞甚至衰退。据统计，1976年"文化大革命"结束时，我国普通高校数量下降为392所，在校生数量减少至56.4万人。1957—1976年，我国高等教育受到"教育大革命"与"文化大革命"的双重重创，与发达国家高等教育的差距不断扩大。

（二）主要的本科教学政策

这个时期有代表性的本科教学政策主要呈现以下两个方面特征。

1. 新中国成立后的全面仿苏政策

（1）初步确定仿苏模式。1949年12月23—31日，中华人民共和国中央人民政府教育部在北京召开了第一次全国教育工作会议。

会议确定要逐步改革旧的教育制度、教育内容和教学方法。对旧学制进行全面改革，要在各级教育部门经过不断改革取得较为成熟的经验后，逐步进行。课程改革的重点是加强革命的政治学习，合理地精简现有课程。对教学方法改革的重点在于反对书本与实际分离的教条主义，同时防止轻视基本理论学习的狭隘实用主义，坚持理论与实际一致。另外，必须改进考试制度。

（2）基本确立苏联模式。1952年，中央教育部在《全国高等学校调整计划（草案）》中，将"大学行政组织取消院一级，以系为教学行政单位"作为院系调整的一条基本原则。按照这一基本原则，我国高等学校参照苏联高等教育的经验，建立了以专业为中心、按照统一的教学计划开展教学活动的教学制度，将过去的"通才教育"改为"专才教育"，专业设置上偏重工科。

（3）以法律形式确定苏联模式。1956年5月，中央高等教育部颁布了《中华人民共和国高等教育章程草案》，以法令的形式将"仿苏"经验规定下来，苏联模式的高等教育体系在我国基本确立。

2. "文化大革命"时期的特殊政策

1961年1月，中央提出"调整、巩固、充实、提高"八字方针，以扭转过"左"的局面。在调查研究、总结经验教训的基础上，教育部制定了"高教六十条"。其要求纠正在"大跃进"和"教育大革命"中产生的偏差，调整党的知识分子政策，稳定教学秩序，提高教学质量。其强调高校必须以教学为主，注重"三基"（即基础理论、基本知识和基本技能）教学，加强教材建设。在贯彻落实"高教六十条"基础上，时任北京大学校长陆平提出了"继承大学，学习苏联，参考英美"的方针，并将理科学制改为6年，文科一般为5年，毕业论文的要求达到类似于当下硕士研究生水平。他还曾研究了美国高校课程设置情况，考虑是否应对理科学生适当加强人文素养的问题。

1964年下半年，北京大学成为"社会主义教育运动"试点，陆平这一套办学思想被批判为"排挤打击工农"的"资产阶级修正主义教育路线"，大批学生下农村参加"四清"。几经折腾，到1966年，又爆发了"文化大革命"，"斗、批、改"代替了日常教学科研，高等教育实际上陷于停滞。1968年，工宣队、军宣队进驻大学，经过"清理阶级队伍"等运动，大批知识分子受到迫害摧残。

1970年6月，中央批准北京大学、清华大学两校"实行群众推荐、领导批准、学校复审相结合的办法"招收"工农兵学员"的试点，规定他们上学的任务是"上大学、管大学、用毛泽东思想改造大学"。这种"教育革命"持续到1976年，由于招收进来的学员普遍文化程度较低，教学难以达到正规高等教育的质量。背着"资产阶级知识分子"枷锁的教师还是尽心尽职地担负起了培养无产阶级革命事业接班人的重任。由于工农兵学员普遍感到接受文化专业教育的机会难得，即使身负"上、管、改"重担，还是与老师和睦相处，尽可能地汲取知识，教师尽量"因材施教"，师生关系颇好。

二、本科教学发展恢复期（1978—1984年）

（一）时代背景考察

为破解教育与社会主义事业发展的冲突和抵牾，1977年8月邓小平在科学和教育工作座谈会上决定恢复高考招生制度，并以此为契机，开展了全国范围内的"拨乱反正"。同年10月，国务院转批了教育部《关于1977年高等学校招生工作的意见》（以下简称《意见》），高考制度正式恢复。《意见》决定遵循"统一考试、择优录取"的人才选拔原则，优先保证重点院校、师范院校、医学院校和农业院校录取学生，学生毕业后由国家统一分配。1977年，全国共有404所高等院校62.5万名在校生，约有570万考生参加了高考，录取了27.3万名新生，录取率为4.8%。

1978年3月，邓小平在全国科学大会上指出，"四个现代化，关键是科学技术的现代化""科学技术的培养，关键在教育"，优先发展教育事业成为时代强音，加快高等教育发展被提上日程。同年8月，教育部在直属重点高校座谈会上决定采取恢复老校规模、新建短期学校、发展业余教育等方法扩大高等教育规模。随后，教育部、国家计划委员会《关于进行高等学校专业调查和调整工作的通知》的施行、国务院《中华人民共和国学位条例》的颁布以及教育部"定向招生，定向分配"特殊招生政策的施行等，成为我国高等教育制度改革重要的政策引领。

这个时期的主要代表性政策是1978年10月颁布的《全国重点高等学校暂行工作条例（试行草案）》，该条例规定："高等学校的专业设置应根据国家的需要、科学的发展和学校的条件来决定，各专业课程由基础课、专业基础课和专业课组成。"这份文件可以认为是我国改革开放以来首个关于本科教学课程体系与结构实施的指导性文件。

《全国重点高等学校暂行工作条例（试行草案）》规定："高等学校的领导体制是党委领导下的校长分工负责制。校长是国家任命的学校行政负责人，对外代表学校，对内主持学校的经常工作。""学校的教学、科学研究、后勤工作中的重大问题，一定要经过党委讨论。党委作出决定后，由校长负责组织执行。"

（二）主要的本科教学政策

1978年3月，全国科学大会的召开拉开了我国高等教育试行学分制的序幕。学分制试行初期，虽然有一定的成效，但总体说来，举步维艰。经过五年的发展，教育部在武汉召开了全国高等教育工作会议，明确了学分制进一步朝着纵深发展的方向。

1978年，全国科学大会和教育工作会议的召开标志着选课制在我国各大高校之间正式试行与推广。选课制的推行加速了我国高校学生的个性化以及创新性发展的进程。

1978年颁发的《关于讨论和试行〈全国重点高等学校暂行工作条例〉（试行草案）的通知》强调："课堂讲授是教学的基本形式，教师必须努力提高课堂讲授的水平。其他各种教学环节，都要在教师的指导下进行。教师要认真地传授自己的知识和经验，负责地教育学生和严格地要求学生，启发学生的主动性和积极性，注意因材施教。教师要注意听取学生对教学的意见和要求，改进教学工作，做到教学相长等。"[①]政策中不但强调了讲授式教学模式，而且提到了启发式教学以及因材施教的重要性等，初步显露出高校教学模式改革势头。

---

① 范跃进. 新中国成立以来高等教育元政策（1949—2016）[M]. 北京：中国社会科学出版社，2017：543.

　　1978年8月，教育部、国家计划委员会联合发出了《关于进行高等学校专业调查和调整工作的通知》，该通知指出了专业面过窄、基础理论薄弱，培养学生适应性差；文科有的专业残缺不全，有的专业面过宽，培养目标不明确，以及有的专业陈旧落后、专业设置重复浪费等问题。因此必须进行专业调整。其后分别于1987年、1993年、1998年三次修订本科专业目录，都是基于我国高等教育与经济社会发展的实际情况，对高校本科教学改革带有基础性、全局性的战略抉择。与此同时，部分重点大学，如武汉大学、兰州大学、华东师范大学开始冲破刚性的教学制度束缚，自主进行教学改革的探索与实践。如自主修订教学计划，增加选修课，注重"文理渗透"；试行学分制、主辅修制、双学位制、转专业制；充实和更新教学内容。

三、本科教学发展探索期（1985—1992年）

（一）时代背景考察

　　《关于1985年国民经济和社会发展计划草案的报告》指出，"随着科学技术的发展，1985年要争取按原定进度完成国家规定的重点科技攻关计划，并及时地把一批重要科技成果在工农业生产中推广应用，使其转化为现实的生产力，过好经济关，产生比较显著的效益。为此，要认真抓紧抓好中间试验和工业性试验，安排好一批国家重点工业性试验项目，抓好国防工业和国防科研中先进技术向民用的转移。从我国实际情况出发，加强对新兴技术的研究和开发，同时加快用新兴技术改造传统工业的步伐。继续有步骤有重点地更新科研装备，抓好一批国家重点实验室项目。开放技术市场，激励广大科技工作者更好地面向经济建设，努力解决生产建设中的各种技术课题，为推动技术进步、提高经济效益作出更大贡献。"

　　该报告同时指出："教育事业，要加快改革步伐，积极培养人才。1985年计划草案安排研究生招生四万一千人，普通高等学校招生五十二万二千人。高等教育要在提高质量的前提下发展数量，增加招收短学制的专科生，调整人才培养的层次结构和科类比例。高等学校在完成国家招生计划的前提下，可以接受委托培养、联合办学，可以集资办学。继续进行中等教育结构改革，大力发展多种形式的中等职业技术学校。加快普及初等教育，特别要切实搞好经济落后地区初等教育的普及工作。继续抓好广播电视大学、业余大学、函授等多种形式的成人教育。"

（二）主要的本科教学政策

1985年，《中共中央关于教育体制改革的决定》制定了"教育必须为社会主义建设服务，社会主义建设必须靠教育"的教育方针，提出"高等学校担负着培养高级专门人才和发展科学技术文化的重大任务"，打破了新中国成立初期只注重培养"专才"的局限性，高等教育逐步进入正轨。

1985年5月，中共中央做出教育体制改革的决定，强调高校需与时俱进，针对时弊推进教学改革实验，如实行学分制和双学位制等，推进高校教学管理制度朝着综合改革的方向发展。武汉大学是率先实行双学位制度的高校之一。在双学位制度条件下，学生可根据兴趣发展所长，学校也能够不拘一格地因材施教。

这个时期的主要代表性政策是1986年3月发布的《高等教育管理职责暂行规定》，该规定指出，高等学校要"根据党和国家的教育方针政策及修业年限、培养规格，可以按社会需要调整专业服务方向，制订教学计划（培养方案）、教学大纲，选用教材，进行教学内容和方法的改革"。

我国对高校的教学评估始于20世纪80年代中期。

1978年2月，国务院批准了教育部《关于高等学校教材编审出版工作若干问题的暂行规定》及教育部报告，对高校各类教材编审工作的领域、分工等作出了明确具体的规定。为使新时期的高校教材建设有新的起点和较高的水平，1978年3月，教育部决定在复旦大学、武汉大学等院校内建立9个外国教材中心图书室。1979年2月，教育部、外交部、财政部联合发出《关于加强外国教材引进工作的"规定"和"暂行办法"》，强调加强引进国外高质量教材。国外高质量教材的引进标志着我国高校在教学领域思想上的一次大解放，也为我国本土教材的创新性建设提供了一定参照。1988年，国家教育委员会出台《高等学校优秀教材奖励实行条例》，决定进行首次全国高校优秀教材评奖工作，并形成"四年一评"制度。该制度的确立代表我国高校优秀教材的评审与奖励工作进入了正规化轨道。

1985年11月，国家教育委员会颁发了《关于开展高等工程教育评估研究和试点工作的通知》，首次提出要在部分高等工科院校进行试点评估。1990年，国家教育委员会出台《普通高等学校教育评估暂行规定》，对高等教育评估的性质、目的等作了明确的规定。该规定是自改革开放以来，我国

第一部关于高等教育评估的政策法规。

1985年，国家颁布《中共中央关于教育体制改革的决定》，在我国官方文件中首次提出了"高等教育评估"这一术语，标志着我国高等教育评估政策开始建立。受此政策指引，我国开始在工程教育领域进行高等教育评估的试点探索。同年11月，国家教育委员会发布了《关于开展高等工程教育评估研究和试点工作的通知》，全面启动了对高等工程教育评估研究工作与试点工作，为高等教育评估的全面启动积累了经验。推动了全国各类高校的评估工作，1990年10月，国家教育委员会在总结前期工程教育评估经验的基础上，正式颁发了《普通高等院校教育评估暂行规定》，首次以部门规章的形式从法规层面单独对我国高等教育评估的各项内容进行了明确规定，标志着我国高等教育评估开始规范化发展。此后，一系列的法律和政策使高等教育评估制度的地位在不断的强化，如1993年颁布的《中国教育改革和发展纲要》。

四、本科教学发展推进期（1993—2000年）

（一）时代背景考察

1993年10月31日，第八届全国人民代表大会常务委员会第四次会议通过了《中华人民共和国教师法》（以下简称《教师法》）。《教师法》强调制定的目的是保障教师的合法权益，建设具有良好思想品德修养和业务素质的教师队伍，以促进社会主义教育事业的发展。

1995年3月18日，第八届全国人民代表大会第三次会议通过了《中华人民共和国教育法》，强调国家应坚持以马克思列宁主义、毛泽东思想和建设有中国特色社会主义理论为指导，遵循宪法确定的基本原则，发展社会主义的教育事业。同时提出"教育是社会主义现代化建设的基础，国家保障教育事业优先发展。全社会应当关心和支持教育事业的发展。"将国家的教育方针确定为"教育必须为社会主义现代化建设服务，必须与生产劳动相结合，培养德、智、体等方面全面发展的社会主义事业的建设者和接班人。"

《中华人民共和国国民经济和社会发展"九五"计划和2010年远景目标纲要》中强调："实施科教兴国战略"，"改善高等教育结构，提高教育质量。重点提高本科教育质量，适度扩大专科教育规模，调整本、专科专业结构，促进各类高等学校的合理分工"。分层次、分期分批、有步骤地实施"211"工程。[①]

《中华人民共和国高等教育法》由第九届全国人民代表大会常务委员会第四次会议于1998年8月29日通过，自1999年1月1日起施行。该法第四条提出："高等教育必须贯彻国家的教育方针，为社会主义现代化建设服务、为人民服务，与生产劳动和社会实践相结合，使受教育者成为德、智、体、美等方面全面发展的社会主义建设者和接班人。"第五条提出："高等教育的任务是培养具有社会责任感、创新精神和实践能力的高级专门人才，发展科学技术文化，促进社会主义现代化建设。"同时强调："国家按照社会主义现代化建设和发展社会主义市场经济的需要，根据不同类型、不同层次高等学校的实际，推进高等教育体制改革和高等教育教学改革，优化高等教育结构和资源配置，提高高等教育的质量和效益。"

(二) 主要的本科教学政策

这个时期的主要代表性政策是1993年2月中共中央、国务院颁发的《中国教育改革和发展纲要》（以下简称《纲要》）明确提出：以建设有中国特色的社会主义理论为指导，坚持党的基本路线，全面贯彻教育方针，面向现代化，面向世界，面向未来，加快教育的改革和发展，进一步提高劳动者素质，培养大批人才，建立适应社会主义市场经济体制和政治、科技体制改革需要的教育体制，更好地为社会主义现代化建设服务。

随着我国经济社会发展的全面转型，高等教育发展以及人才培养的不适应性更加突出，全面推进教学改革成为政府以及各高校的普遍共识。《纲要》指出，各级学校教育要"进一步转变教育思想，改革教学内容和教学方法，克服学校教育不同程度存在的脱离经济建设和社会发展需要的现象。要按照现代科学技术文化发展的新成果和社会主义现代化建设的实际需要，更新教学内容，调整课程结构"。为贯彻《纲要》精神，1994年国家教委制定的"高等教育面向21世纪教学内容和课程体系改革计划"付诸实施。该计划按照人文科学、经济、法学、理学、工学、农学、医学等七大学科门类分别组织实施，内容涉及未来社会的人才素质和培养模式、各专业或专业群的培养目标及人才规格、主要专业或专业群的课程体系结构，基础课程、核心课程

---

① 范跃进. 新中国成立以来高等教育元政策（1949—2016）[M]. 北京：中国社会科学出版社，2017：30.

的教学内容体系及教材、教学手段、教学方法等方面的创新。由于该计划是以统一规划、分科立项、分批实施、分级管理的方式进行的，因此极大地调动了广大教师、管理人员的教学改革的积极性。与此同时，1994年国务院颁布了《教学成果奖励条例》（以下简称《条例》），奖励对提高教学水平和教育质量、实现培养目标产生明显效果的教育教学改革方案。教学成果奖分为国家奖与省级奖，层次与国家"三大奖项"并列。自《条例》颁布之后，于1997年、2001年、2005年先后颁发了三届国家级教学成果奖，其中特等奖6项、一等奖171项、二等奖1338项。实践证明，教学成果奖励制度极大地推动了高校教学改革，是一项影响深远的教学改革政策。特别值得一提的是，20世纪90年代的教学改革是与高校大学生文化素质教育的开展联系在一起的。在20世纪90年代初期，以华中理工大学为代表的几所重点理工科大学率先开展了大学生文化素质教育探索，并得到了其他高校的积极响应。1995年，国家教委印发了《关于开展大学生文化素质教育试点工作的通知》，并确定在北京大学、清华大学等52所高校开展加强大学生文化素质教育的试点工作。经过3年的试点，教育部于1998年颁布实施了《关于加强大学生文化素质教育的若干意见》，确定在全国高校全面推行文化素质教育。大学生文化素质教育的开展不仅仅是课程设置上的简单调整，最重要的意义在于有效推动了高校教学内容与课程体系改革，有助于转变"专业对口"的传统观念，使专业人才具有较高的文化素质。

1996年，国家教委印发的《全国教育事业"九五"计划和2010年发展规划》中提到："高等教育实行教学、科研、生产（社会应用）相结合等，进一步密切了教育和经济、科技的关系。"并进一步地强调："根据高等学校特点，积极开展自然科学、人文和社会科学研究。推动校际合作，组织科研攻关，努力为经济建设和社会发展解决一批重大问题。进一步加强科技开发，有选择地兴办高科技产业，促进科技成果转化，以多种形式为地方经济建设和社会发展服务。积极组织研究生和高年级大学生参加科研工作，加快科技成果向教学过程转移，以多种方式为提高教育质量服务。"在教学改革方面提出："高等教育要拓宽专业服务范围，加强实践环节教学和训练，促进教学、科研、生产（社会应用）三结合，提高学生分析问题和解决问题能力。"

世纪之交，我国政府基于经济社会发展的新形势，积极谋划高等教育新发展。1999年，国务院批转了教育部《面向21世纪教育振兴行动计划》，要求"积极推进高校教学改革，改革教育思想、观念、内容和方法。"2000年1月，教育部专门下发通知，决定实施"新世纪高等教育教学改革工程"。该工程是在"高等教育面向21世纪教学内容和课程体系改革计划"取得阶段性成果的基础上，对人才培养模式、教学内容、课程体系、教学方法等进行整体性、综合化的改革与实践，是我国新世纪高校教学改革向纵深发展的主要标志。尤其值得指出的是，第三个十年是我国高等教育规模急剧扩张时期，1999年我国高校实行扩招政策之后，教学质量问题一直是社会各界关心的热点，也是政府在这一时期制定高等教育发展政策与教学改革政策的焦点，教育部曾三次下发文件对加强高校本科教学工作提出要求。

1995年通过的《中华人民共和国教育法》对教育评估的重要性进行了强调，并从法理层面保障了教育评估的法律地位。同年，在此基础上，国家教育委员会发布了《首批普通高等院校本科教学工作评价实施办法》，并印发了《关于进行首批高等院校教学工作评价的通知》，在全国254所普通高等院校中进行以本科教学工作为重点的教学工作合格评价、优秀评价和随机性水平评价，突出了本科教学评估在我国整个高等教育评估中的重要地位，开启了我国高校本科教学的分类评估阶段。

2001年，教育部颁布《关于加强高等学校本科教学工作提高教学质量的若干意见》，强调各级教育行政部门要充分认识教学工作的重要性，把教学质量作为评价和衡量高等院校工作的重要依据，进一步地确立了本科教学评估的重要地位。总之，这一阶段的评估政策以引导性和组织建设政策为主，政策内容集中在高等教育试点评估和分类评估上，在高等教育评估政策不断发展的前提下，经过高等教育的试点评估和各类院校分类评估的探索后，我国最终确立了以本科教学评估为重点的高等教育评估制度。

五、本科教学发展提升期（2001—2010年）

（一）时代背景考察

2001年，教育部印发的《全国教育事业第十个五年计划》提出了"十五"期间教育改革与发展的指导思想、基本原则、战略要点等，强调要"大幅度提高高等学校的教学科研水平和创新、服务能力，努力缩小一些高等学校与世界一流学校的水平差距，一批重点学科的教学科研达到或接近国际先进水平，创造一批具有我国自主知识产权的技术创新成果，极大地提高高等学校在解决国家经济、社会发展重大理论和实践问题的能力。加快高校重点学科带头人、科研骨干和高新技术人才的培养。同时，采取各种切实可行的优惠政策，吸引优秀的海外人才回国从事科研、开发、科技成果转化，进行学术交流……推进学科基础理论建设。充分发挥高等学校在弘扬民族优秀文化、传播先进文化、促进社会文明进步方面的重要作用"。

2007 年，国务院批转的《国家教育事业发展"十一五"规划纲要》指出，要"着力提高高等教育质量，努力增强高校创新与服务能力，切实把高等教育发展的重点放到提高质量上，着力培养学生的创新精神和创新思维，增强学生的实践能力、创造能力和就业能力、创业能力。实施高等学校本科教学质量与教学改革工程，高校要把教学作为中心工作，加大教学投入，改善教学条件特别是实验实习条件"。同时指出，"以社会需求为导向，积极调整学科布局和专业设置，加快培养经济、社会、文化、国防等方面的高素质人才，特别是农业、资源、能源和环境方面的紧缺人才。"

2010 年，《国家中长期教育改革和发展规划纲要（2010—2020 年）》颁布，提出要"全面提高高等教育质量。高等教育承担着培养高级专门人才、发展科学技术文化、促进社会主义现代化建设的重大任务。提高质量是高等教育发展的核心任务，是建设高等教育强国的基本要求。到 2020 年，高等教育结构更加合理，特色更加鲜明，人才培养、科学研究和社会服务整体水平全面提升，建成一批国际知名、有特色、高水平的高等学校，若干所大学达到或接近世界一流大学水平，高等教育国际竞争力显著增强"。

同时，该文件强调要"提高人才培养质量。牢固确立人才培养在高校工作中的中心地位，着力培养信念执着、品德优良、知识丰富、本领过硬的高素质专门人才和拔尖创新人才"。

（二）主要的本科教学政策

这个时期的本科教学政策有两方面重点工作：一方面重点工作是通过多种方法手段、渠道平台提高教学质量；另一方面重点工作是开展本科教学工作评估。这两个方面的政策齐头并进，相互补充，对于我国高等教育教学整体水平的提升有很大的促进作用。

这个时期围绕本科教学质量提升主要有四个主要政策文件。2001 年，教育部印发《关于加强高等学校本科教学工作提高教学质量的若干意见》，就高校扩招之后教学质量问题提出了12条针对性措施，明确指出，"近几年来，我国高等教育的改革与发展取得重大进展，特别是本科教育的规模迅速扩大，随着社会主义市场经济体制的完善和经济结构的战略性调整，社会各方面都对高等教育人才培养的质量提出了新的更高的要求。本科教育是高等教育的主体和基础，抓好本科教学是提高整个高等教育质量的重点和关键"。在进入21世纪的第一年，此项政策文件明确提出了本科教育质量对社会发展的重要性，也强调了本科教学的重要地位。

2004年2月教育部颁布了《2003—2007年教育振兴行动计划》，提出"以提高高等教育人才培养质量为目的，进一步深化高等学校的培养模式、课程体系、教学内容和教学方法改革。改善高等学校基础课程教学，建设精品课程，改造和充实基础课教学实验室，进一步建设全国高等学校数字图书文献保障体系（CALIS）和全国高等学校实验设备与优质资源共享系统。"

同年12月召开了第二次全国普通高校本科教学工作会议，教育部部长周济强调，"当前，我们要进一步学习和落实科学发展观，继续贯彻'八字方针'，必须一方面坚持促进高等教育的持续发展；另一方面更加注重深化改革和提高质量，尤其要重视教学质量的提高。按照这样一种思路，我们要将工作重心由前一阶段高度重视规模发展，转移到在规模持续发展的同时，更加注重提高质量"。切实采取强有力的措施：一是加大教学投入，二是强化教学管理，三是深化教学改革。针对教学投入严重不足，要切实加大教学投入力度；针对教学管理相当薄弱，要不断强化教学管理；针对教学改革亟待深入，要继续深化教学改革"，这些措施对于保障高等教育大发展时期人才培养质量起到了积极的促进作用。

2005年1月，教育部印发了《关于进一步加强高等学校本科教学工作的若干意见》，强调"加强高等学校本科教学工作的主要任务和要求是：着眼于国家现代化建设和人的全面发展需要，加大教学投入，强化教学管理，深化教学改革，坚持传授知识、培养能力、提高素质协调发展，更加注重能力培养，着力提高大学生的学习能力、实践能力和创新能力，全面推进素质教育"。深化教学改革要"继续推进课程体系、教学内容、教学方法和手段的改革，构建新的课程结构，加大选修课程开设比例，积极推进弹性学习制度建设。要切实改变课堂讲授所占学时过多的状况，为学生提供更多的自主学习的时间和空间"。

2007年，教育部颁发的《关于进一步深化本科教学改革全面提高教学质量的若干意见》提出，"教育行政部门和高等学校要高度重视教学工作，加大教学投入，强化教学管理，深化教学改革，采用各种措施确保教学工作的中心地位，把提高教学质量工作落到实处"。为全面加强大学生素质和能力培养，"要采取各种措施，通过推进学分制、降低必修课比例、加大选修课比例、减少课堂讲授时数等，增加学生自主学习的时间和空间，拓宽学生知识面，增强学生学习兴趣，完善学生的知识结构，促进学生个性发展"。

同年，教育部、财政部联合颁发的《关于实施高等学校本科教学质量与教学改革工程的意见》强调，"启动'万种新教材建设项目'，加强新教材和立体化教材的建设"。与此同时，鉴于创新型人才的培养需求，编写富有特色、高质量的教材也成为高校的重点任务之一。特色教材以及校本化教材的建设为不同文化与地区的高校教学工作提供了知识性与制度性的保障。

同一时期围绕本科教学评估工作主要有三份政策文件，包括《普通高等学校本科教学工作水平评估方案（试行）》《2003—2007年教育振兴行动计划》《关于进一步加强高等学校教学评估工作纪律的通知》。自高校扩招后，我国本科生数量急速增长，高等教育办学规模迅速扩张，中国高等教育实现了从精英教育阶段向大众化教育阶段的转变。随着高校办学规模的扩张和教学评估工作的全面展开，原有小规模的分类评估已不适用于这一时期的评估需求。在此背景下，教育部于2004年颁发了《普通高等学校本科教学工作水平评估方案（试行）》，将合格评估、优秀评估和随机性水平评估三种方案合并为一个方案，分类评估被统一性的水平评估所取代。

此后，教育部颁发了一系列教学评估相关文件，进一步地巩固和发展了本科教学评估制度。如《2003—2007年教育振兴行动计划》明确提出实行"五年一轮"的全国高等院校教学质量评估制度，使本科教学评估成为一项常态化的制度安排。规范和改进了学科专业教学质量评估，逐步建立与人才资格认证和职业准入制度挂钩的专业评估制度，同时加强高等学校教学质量评估信息系统建设，形成评估指标体系，建立教学状态数据统计、分析和定期发布制度。

2004年教育部发文设立高等教育评估中心，开启了我国本科教学评估工作的专业化发展阶段。自2004年发布《普通高等学校本科教学工作水平评估方案（试行）》后，至2007年，又连续发布了对医药类、体育类、艺术类高校及部分重点高校评估指标的调整说明和本科教学评估的补充通知，对2002年版的本科教学评估方案和评估指标进行了修订及调整，促进了本科教学评估制度的规范化发展。同时，下发了《关于进一步加强高等学校教学评估工作纪律的通知》等进一步规范本科教学评估工作纪律的规范性文件，保障本科教学评估制度得以有序进行。

这一时期的政策促使我国本科教学评估从分类评估转向了整体性的水平评估，该政策具有高度的强制性和权威性，在政策内容上不断对本科教学评估制度进行巩固和规范，促进了本科教学评估制度的规范化和制度化发展；在政策理念上旨在引导高校增加教学投入、完善教学条件、规范教学建设，以保障高校基本的教学水平。

六、本科教学发展深化期（2011—2018年）

（一）时代背景考察

"十二五"时期是全面建设小康社会的关键时期，是深化改革开放、加快转变经济发展方式的攻坚时期，必须深刻认识并准确把握国内外形势新变化新特点，继续抓住和用好重要战略机遇期，努力开创科学发展新局面。从教育发展看，我国已进入了加快建设教育强国和人力资源强国的历史新阶段。到2020年要基本实现教育现代化，基本形成学习型社会，进入人力资源强国行列，必须在"十二五"时期奠定坚实的制度基础、人才基础和条件基础。教育要发展，根本靠改革。

2012年6月，教育部颁发了《国家教育事业发展"十二五"规划纲要》（以下简称《纲要》），为这个时期的本科教学发展奠定了整体的基调。《纲要》提出，"'十二五'时期教育改革发展的总体目标是：全面提高教育服务现代化建设和人的全面发展的能力，为到2020年基本实现教育现代化，基本形成学习型社会，进入人力资源强国行列奠定坚实基础。"对于本科教学提出，"切实提高高等学校教学水平。牢固确立人才培养在高等学校工作中的中心地位。实施'本科教学工程'，加大教学投入"。

《纲要》将"十二五"期间的高等学校的整体发展确定为"有特色、高水平发展"。同时提出要"坚持稳定规模、优化结构、强化特色，走以质量提升为核心的内涵式发展道路。探索建立科学的高等学校分类体系，推进普通高等学校设置暂行条例的修订工作，研究制订核定普通高等学校规模暂行规定。调整和完善高等教育宏观政策，引导高等学校合理定位，办出特色"。

（二）主要的本科教学政策

为全面提高本科教学质量水平，政策鼓励要使教材建设真正走向课堂，真正为学生发展服务。2011年4月，教育部颁发的《"十二五"普通高等教育本科教材建设的若干意见》提出，"要以服务人才培养为目标，以提高教材质量为核心，以创新教材建设的体制机制为突破口，以实施教材精品战略、加强教材分类指导、完善教材评价选用制度为着力点，鼓励高水平教师积极参加教材建设，编写特色教材等"。

2012年3月，教育部发布的《关于全面提高高等教育质量的若干意见》提出，要"牢固确立人才培养的中心地位，树立科学的高等教育发展观，坚持稳定规模、优化结构、强化特色、注重创新，走以质量提升为核心的内涵式发展道路"，对本科生教学明确提出"巩固本科教学基础地位。把本科教学作为高校最基础、最根本的工作，领导精力、师资力量、资源配置、经费安排和工作评价都要体现以教学为中心"。同时强调要改革教学管理，探索学生自主选择专业与课程的自主学习模式等。在学分制管理上，我国紧跟世界潮流，开通在线学分认证，在教育公平与教学质量的提升方面，可谓前进了一大步。

2016年7月，教育部印发的《关于中央部门所属高校深化教育教学改革的指导意见》指出，深化教育教学的基本思路是"在统筹推进一流大学和一流学科建设进程中，建设一流本科教育，全面提高教学水平和人才培养质量，切实增强学生的社会责任感、创新精神和实践能力"，总体目标是"到2020年，中央高校人才培养中心地位和本科教学基础地位得到进一步巩固和加强，学科专业结构和人才培养类型结构更加适应国家和区域经济社会发展需要，协同育人机制更加优化，创新创业教育改革形成制度化成果，信息技术与教育教学深度融合，教师培训体系实现制度化、专业化、网络化，基础学科拔尖学生培养取得新进展，高等教育发展更加协调，涌现出一批社会公认、具有国际影响力的本科教育高校"。

2018年8月，教育部印发了《关于高等学校加快"双一流"建设的指导意见》，再一次明确建设高水平本科教育的重要意义，强调"本科生是高素质专门人才培养的最大群体，本科阶段是学生世界观、人生观、价值观形成的关键阶段，本科教育是提高高等教育质量的最重要基础。办好我国高校，办出世界一流大学，人才培养是本，本科教育是根"。同时指出，本科教学的基础地位还不够巩固，一些学校领导精力、教师精力、学生精力、资源投入仍不到位，教育理念仍相对滞后，评价标准和政策机制导向仍不够聚焦等问题，提出"高等学校必须主动适应国家战略发展新需求和世界高等教育发展新趋势，牢牢抓住全面提高人才培养能力这个核心点，把本科教育放在人才培养的核心地位、教育教学的基础地位、新时代教育发展的前沿地位"。

基于《国家中长期教育改革和发展规划纲要（2010—2020年）》，提出了"健全教学质量保障体系，改进高校教学评估"要求。这个时期教育部连续发布了针对各项具体评估方式的系列政策文件，并开展了本科教学评估试点工作。2011年10月，教育部颁布了《关于普通高等学校本科教学评估工作的意见》，确立了"教学基本状态数据常态监测、学校自我评估、分类的院校评估、专业认证及评估、国际评估"五位一体的评估制度；实施包括合格评估和审核评估的分类评估方式。同年12月，教育部颁布了《关于开展普通高等学校本科教学工作合格评估的通知》，公布了合格评估的实施办法和指标体系，评估对象为2000年以来未参加过院校评估的新建本科学校。

2013年4月，教育部评估中心首先在南京大学、同济大学、黑龙江大学和五邑大学四所高校开展评估试点工作，标志着我国高等教育本科教学的审核评估正式启动。2013年12月，教育部印发了《普通高等学校本科教学工作审核评估方案》，明确审核评估的指导思想是"坚持'以评促建、以评促改、以评促管、评建结合、重在建设'的方针；突出内涵建设，突出特色发展；强化办学合理定位，强化人才培养中心地位，强化质量保障体系建设，不断提高人才培养质量"。这一阶段的评估政策以引导性和能动性建设政策为主，在政策内容上主要是对各类评估制度进行进一步的阐释和应用，针对不同发展层次的高校和专业采取不同的评估方式，以增强评估制度对提高高校教学质量和专业建设质量的适切性；在政策理念上旨在通过对评估制度的优化调整，构建中国特色的本科教学评估制度，促进高等教育的内涵式发展。

七、本科教学发展加速期（2019年至今）

（一）时代背景考察

这个时期信息技术的发展进入高速期，信息技术与教育的密切融合成为必然趋势。教育部印发了《教育信息化中长期发展规划（2021—2035年）》《教育信息化"十四五"规划》《关于推进"互联网+教育"发展的指导意见》等文件，都是对这一趋势的回应，都从不同侧面强调以信息化为重点，以提升质量为目标，推进教育新型设施建设，研究构建高质量教育支撑体系。高等教育与信息技术的融合成为高等教育的重要任务和目标。

同时，随着国际竞争的日渐加剧，对创新拔尖人才的需求日益迫切，创新拔尖人才的培养成为高等教育的重要使命。如何培养满足国际竞争需要的拔尖人才，如何确保培养的人才为我国经济建设服务，如何促进高等学校获得可持续发展的内生动力，都是这一阶段本科教育教学要考量的重要问题。

（二）主要的本科教学政策

这一阶段虽然仅刚刚开端，但已经产生了一定数量的重要政策文件。教育部、中央政法委、科技部等13个部门于2019年在天津联合启动"六卓越一拔尖"计划2.0，全面推进新工科、新医科、新农科、新文科建设，提高高校服务经济社会发展能力。教育部将分三年全面实施这一计划。通过该计划的实施，将引导高校全面优化专业结构，深化专业综合改革，激发学生学习兴趣和潜能，让学生忙起来、让教学活起来、让管理严起来，全面振兴本科教育，提高人才培养质量。同年，教育部启动一流本科专业建设"双万计划"，主要任务是2019—2021年，建设1万个左右国家级一流本科专业点和1万个左右省级一流本科专业点。面向各类高校，在不同类型的普通本科高校建设一流本科专业，鼓励分类发展、特色发展。面向全部专业，覆盖全部92个本科专业类，分年度开展一流本科专业点建设。

2019年发布的《教育部关于深化本科教育教学改革 全面提高人才培养质量的意见》提出，"把思想政治教育贯穿人才培养全过程。坚持把立德树人成效作为检验高校一切工作的根本标准，用习近平新时代中国特色社会主义思想铸魂育人，加快构建高校思想政治工作体系，推动形成'三全育人'工作格局"。同时强调，要"完善专业认证制度""持续推进本科教学工作审核评估和合格评估"，进一步地丰富和完善了我国本科教学的评估制度，形成了完备的本科教学评估政策体系。

2020年4月，教育部等八部门发布了《关于加快构建高校思想政治工作体系的意见》，明确目标任务为"健全立德树人体制机制，把立德树人融入思想道德、文化知识、社会实践教育各环节，贯通学科体系、教学体系、教材体系、管理体系，加快构建目标明确、内容完善、标准健全、运行科学、保障有力、成效显著的高校思想政治工作体系"。2020年6月，教育部印发的《高等学校课程思政建设指导纲要》指出，高等学校人才培养是育人和育才相统一的过程，"培养什么人、怎样培养人、为谁培养人是教育的根本问题，立德树人成效是检验高校一切工作的根本标准。落实立德树人根本任务，必须将价值塑造、知识传授和能力培养三者融为一体、不可割裂"。要"建设高水平人才培养体系，必须将思想政治工作体系贯通其中，必须抓好课程思政建设，解决好专业教育和思政教育'两张皮'问题"。

2021年，教育部印发了《普通高等学校本科教育教学审核评估实施方案（2021—2025年）》，将指导思想确定为："全面落实立德树人根本任务，坚决破除'五唯'顽瘴痼疾，扭转不科学教育评价导向，确保人才培养中心地位和本科教育教学核心地位"。推进评估分类，以评促建、以评促改、以评促管、以评促强，要坚持推进改革，"紧扣本科教育教学改革主线，落实'以本为本''四个回归'，强化学生中心、产出导向、持续改进，以评估理念引领改革、以评估举措落实改革、以评估标准检验改革，实现高质量内涵式发展"。

2023年3月，教育部等五部门印发了《普通高等教育学科专业设置调整优化改革方案》，确定工作目标为："到2025年，优化调整高校20%左右学科专业布点，新设一批适应新技术、新产业、新业态、新模式的学科专业，淘汰不适应经济社会发展的学科专业；基础学科特别是理科和基础医科本科专业点占比进一步提高；建好10000个左右国家级一流专业点、300个左右基础学科拔尖学生培养基地……"2013年10月，教育部办公厅印发的《"十四五"普通高等教育本科国家级规划教材建设实施方案》强调，"到2025年，教育部'十四五'本科规划教材重点立项建设1000种左右，遴选5000种左右，加快自主知识体系与教材体系建设，着力打造中国特色、世界水平的高质量教材体系，为高等教育强国建设提供坚实支撑"。

总之，这个阶段体现出来的基本特征是与信息时代的机遇和挑战、国家对基础学科人才和拔尖人才的需求密不可分的。全面推进新工科、新医科、新农科、新文科建设，构建思政课程体系，调整优化学科专业设置，加强规划教材建设，评估评价政策逐步走向深化发展的新阶段，是这个时期的重要政策内容。

第三章　本科教学政策发展重点

一、本科教学目的的发展

本科教学政策中，关于本科教学的目的的要求和表述经历两个阶段，第一个阶段是新中国成立初期到20世纪末，这段时间以"专门人才"的表述为主。第二个阶段是从20世纪初开始，重点强调"高素质人才和重点拔尖人才"的表述。这种发展体现了随着我国社会的整体发展，对于人才需求的变化，也体现了对人才本质内涵理解的变化。目的的变化也必然引起内容、方法及评价的发展变化。

（一）专门人才

1950年，中央教育部颁布《高等学校暂行规程》，在总纲中提出，要培养具有高级文化水平，掌握现代科学和技术的成就，全心全意为人民服务的高级建设人才。在具体任务中明确规定，适应国家建设的需要，进行教学工作，培养通晓基本理论并能实际运用的"专门人才"。1961年颁布的"高教六十条"明确提出"高等学校的基本任务，是贯彻执行教育为无产阶级的政治服务、教育与生产劳动相结合的方针，培养社会主义建设所需要的各种专门人才"。1978年10月颁布的《全国重点高等学校暂行工作条例（试行草案)》提出，高等学校的基本任务，是贯彻执行"教育为无产阶级的政治服务、教育与生产劳动相结合"的根本方针，培养社会主义革命和社会主义建设所需要的各种专门人才，做出高水平的科学成果，为实现我们党在新时期的总任务而奋斗。

1985年之后，关于专门人才的要求又有了更加具体的表述，即高等学校肩负培养"高级"专门人才的任务。1985年颁布的《中共中央关于教育体制改革的决定》提出，"高等学校担负着培养高级专门人才和发展科学技术文化的重大任务"，并明确指出高级专门人才的培养基本上立足于国内；能为自主地进行科学技术开发和解决社会主义现代化建设中重大理论问题和实际问题作出较大贡献。

1993年发布的《中国教育改革和发展纲要》也强调："高等教育担负着培养高级专门人才、发展科学技术文化和促进现代化建设的重大任务。90年代，高等教育要适应加快改革开放和现代化建设的需要，积极探索发展的新路子，使规模有较大发展，结构更加合理，质量和效益有明显提高。"

1998年颁布的《中华人民共和国高等教育法》以法律的形式对"高级专门人才"进行了明确限定，即高等教育的任务是培养具有创新精神和实践能力的高级专门人才，发展科学技术文化，促进社会主义现代化建设。至此，在新中国成立初的50年时间里，除了"文化大革命"时期，高等教育的目的都聚焦在培养"专门人才"这个任务上。

（二）高素质人才和拔尖创新人才

进入21世纪，随着科教兴国战略的深度践行，高等教育的功能和使命被更好地认同和发挥出来。2004年颁布的《2003—2007年教育振兴行动计划》提出，"以'长江学者奖励计划'和'高等学校创新团队计划'为重点，实施'高层次创造性人才计划'，扶持创新团队的建设，加大对中青年学科带头人和学术骨干的培养力度，鼓励和支持优秀人才和优秀群体健康成长、建功立业。要善于利用国际国内两种人才资源，特别要面向世界积极引进优秀拔尖人才。高等学校要大力推进'人才强校'战略，制定和完善人才建设计划；积极营造更加有利的政策环境，努力构建吸引、培养和用好高层次创新人才的支持体系；探索人才组织新模式，以学科带头人为核心凝聚学术队伍，紧密结合关键领域的前沿学科研究和国家重大现实问题研究，促进学科综合，开发配置人才资源"。

在2004年召开的第二次全国普通高等学校本科教学工作会议上，教育部部长周济强调，"今后一段时间，高等学校教学工作要着眼于国家发展和人的全面发展需要，坚持知识、能力、素质协调发展，深化教学改革，注重能力培养，着力提高大学生的学习能力、实践能力和创新能力，全面推进素质教育。要切实加大教学经费投入，确保教学运行和教学基本建设的需要；要强化教学管理，确保正常的教学工作秩序；要强化教师教学工作制度，把教授、副教授为本科学生上课作为一项基本制度，完善教师教学投入机制；要大力推进优质教学资源建设与共享，重点建设1500门国家精品课程和共享平台；要大力加强实践教学，切实提高大学生的实践能力；要进一步深化教学改革，面向经济建设的主战场，培养大批社会需要的各种类型的高质量人才"。在这次会议上，"专门人才"被调整为"高质量人才"。

2005年，教育部发布的《关于进一步加强高等学校本科教学工作的若干意见》指出，"近年来，我国现代化建设快速发展，高等教育规模持续扩大，高等教育体制改革不断深入，高等学校教学工作面临着许多新情况、新问题，任务更加艰巨。因此，必须坚持科学发展观，实现高等教育工作重心的转移，在规模持续发展的同时，把提高质量放在更加突出的位置，培养数以千万计德智体美全面发展的高素质专门人才和一大批拔尖创新人才。"在这个意见中，"高质量"被再一次强调，同时将高等教育的目的明确为"全面发展的高素质专门人才和一大批拔尖创新人才"。

2007年，教育部发布的《关于进一步深化本科教学改革全面提高教学质量的若干意见》继续强调这一目的，提出要"树立科学的质量观，促进学生德智体美全面发展。全面贯彻党的教育方针，坚持育人为本，德育为先，深入实施素质教育，培养适应经济社会发展需要的数以千万计的专门人才和一大批拔尖创新人才"，并且明确规定了大学生的能力目标，即"要深化教育改革，提高教育质量，着力培养有理想、有道德、有文化、有纪律的大学生，要努力提高大学生的学习能力、创新能力、实践能力、交流能力和社会适应能力"。

以人力资源的发展为视角，《国家中长期教育改革和发展规划纲要（2010—2020年）》中提到，"人力资源是我国经济社会发展的第一资源，教育是开发人力资源的主要途径。要以学生为主体，以教师为主导，充分发挥学生的主动性，把促进学生健康成长作为学校一切工作的出发点和落脚点。关心每个学生，促进每个学生主动地、生动活泼地发展，尊重教育规律和学生身心发展规律，为每个学生提供适合的教育。努力培养造就数以亿计的高素质劳动者、数以千万计的专门人才和一大批拔尖创新人才"。

2018年，教育部发布了《关于加快建设高水平本科教育 全面提高人才培养能力的意见》，从本科教育的特殊性谈起，强调"以本为本"。提出"本科生是高素质专门人才培养的最大群体，本科阶段是学生世界观、人生观、价值观形成的关键阶段，本科教育是提高高等教育质量的最重要基础。办好我国高校，办出世界一流大学，人才培养是本，本科教育是根。建设高等教育强国必须坚持'以本为本'，加快建设高水平本科教育，培养大批有理想、有本领、有担当的高素质专门人才，为全面建成小康社会、基本实现社会主义现代化、建成社会主义现代化强国提供强大的人才支撑和智力支持"。在这一文件中，"培养大批有理想、有本领、有担当的高素质专门人才"被再一次确定为本科教育的目的。

2022年，习近平在中国共产党第二十次全国代表大会的报告中强调，"要深入实施人才强国战略，培养造就大批德才兼备的高素质人才，是国家和民族长远发展大计"。"加快建设国家战略人才力量，努力培养造就更多大师、战略科学家、一流科技领军人才和创新团队、青年科技人才、卓越工程师、大国工匠、高技能人才。"党的二十大报告再一次强调了"高素质人才"的培养，也为培养高素质人才提出了具体的发展目标。

二、本科教学内容的发展

新中国成立后，本科教学内容也有了一系列发展变化，可以从本科教学政策关于课程体系设置、课程思政和思政课程的发展变化、高等教育与劳动相结合中体现出来。

（一）课程体系设置变化

1985年颁布的《中共中央关于教育体制改革的决定》提出："要针对现存的弊端，积极进行教学改革的各种试验，例如改变专业过于狭窄的状况，精简和更新教学内容，增加实践环节，减少必修课，增加选修课，实行学分制和双学位制，增加自学时间和课外学习活动，有指导地开展勤工助学活动等等。"

1998年颁布的《关于深化教学改革，培养适应21世纪需要的高质量人才的意见》提出："本科教学内容、课程体系改革，要适应21世纪科学技术、经济、社会发展的趋势，从整体人才培养目标出发，根据培养目标和人才培养模式的要求，更新教学内容，优化课程体系，打破学科课程间的壁垒，加强课程与课程体系间在逻辑和结构上的联系与综合。要精选经典教学内容，不断充实反映科学技术和社会发展的最新成果，要注意把体现当代学科发展特征的、多学科间的知识交叉与渗透反映到教学内容中来。要注重教给学生科学的思维方法，为学生探索新事物、培养创新能力奠定基础。"

2004年教育部颁布的《2003—2007年教育振兴行动计划》提到，要

"以提高高等教育人才培养质量为目的，进一步深化高等学校的培养模式、课程体系、教学内容和教学方法改革。改善高等学校基础课程教学，建设精品课程，改造和充实基础课教学实验室，进一步建设全国高等学校数字图书文献保障体系（CALIS）和全国高等学校实验设备与优质资源共享系统。鼓励名师讲授大学基础课程，评选表彰教学名师。建设一批示范教学基地和基础课程实验教学示范中心，强化生产实习、毕业设计等实践教学环节。高等学校应用学科专兼职教师队伍要更多地吸收具有实践经验的专家。改革大学公共英语教学，提高大学生的英语综合运用能力。以管理体制和学制改革为主线，提高我国高等医学教育的办学质量和培养层次"。

在 2005 年教育部颁布的《关于进一步加强高等学校本科教学工作的若干意见》中，课程体系的改革被再次提出。该意见提出各级教育行政部门和高等学校要大力推进校、省、国家三级精品课程体系建设，形成多学科、多课程的网络共享平台。

在 2007 年教育部印发的《关于进一步深化本科教学改革全面提高教学质量的若干意见》中，针对课程体系设置的要求更为具体明确。该意见明确提出，"深化教学内容改革，建立与经济社会发展相适应的课程体系。要坚持知识、能力和素质协调发展，继续深化人才培养模式、课程体系、教学内容和教学方法等方面的改革，实现从注重知识传授向更加重视能力和素质培养的转变。要根据经济社会发展和科技进步的需要，及时更新教学内容，将新知识、新理论和新技术充实到教学内容中，为学生提供符合时代需要的课程体系和教学内容"。在课程结构方面，特别提出"要优化课程结构，构建以核心课程和选修课程相结合、有利于学科交叉与融合的课程体系"。

与本科教育目的一致，2012 年教育部印发的《关于全面提高高等教育质量的若干意见》提出，要"创新人才培养模式。实施基础学科拔尖学生培养试验计划，建设一批国家青年英才培养基地，探索拔尖创新人才培养模式。实施卓越工程师、卓越农林人才、卓越法律人才等教育培养计划，以提高实践能力为重点，探索与有关部门、科研院所、行业企业联合培养人才模式"。同时"鼓励因校制宜，探索科学基础、实践能力和人文素养融合发展的人才培养模式"。

2016 年，教育部在《关于中央部门所属高校深化教育教学改革的指导意见》中指出，"具有学科专业优势和现代教育技术优势的高校，要以受众面广量大的公共课、基础课和专业核心课为重点，致力于以学为本的课程体系重塑、课程内容改革，建设一批以大规模在线开放课程为代表、课程应用与教学服务相融通的优质在线开放课程。创新在线课程共享与应用模式，推动优质大规模在线开放课程共享、不同类型高校小规模定制在线课程应用、校内校际线上线下混合式教学，推进以学生为中心的教与学方式方法变革。高校要完善管理制度，将教师建设和应用在线课程合理计入教学工作量，将学生有组织学习在线课程纳入学分管理，对课程建设质量、课程运行效果进行监测评价。建设虚拟仿真实验教学中心，全面推进信息化实践教学平台建设，充分利用信息技术实现优质实验教学资源开放共享"。从这个时期开始，"在线开放课程""线下混合式教学""教学资源"等词已经成为高等教育中的重要内容，但2016年开始的改革是以具有学科专业优势和现代教育技术优势的高校为主，并没有全面铺开。

2018年，在《关于加快建设高水平本科教育 全面提高人才培养能力的意见》中，"慕课""优质资源平台""泛在化学习"等已经成为全国高等学校，特别是中西部高校推广使用的重要课程资源与手段。该意见明确指出："大力推进慕课和虚拟仿真实验建设。发挥慕课在提高质量、促进公平方面的重大作用，制定慕课标准体系，规范慕课建设管理，规划建设一批高质量慕课，推出3000门国家精品在线开放课程，示范带动课程建设水平的整体提升。建设1000项左右国家虚拟仿真实验教学项目，提高实验教学质量和水平。"

同时，要"共享优质教育资源。大力加强慕课在中西部高校的推广使用，加快提升中西部高校教学水平。建立慕课学分认定制度。以1万门国家级和1万门省级一流线上线下精品课程建设为牵引，推动优质课程资源开放共享，促进慕课等优质资源平台发展，鼓励教师多模式应用，鼓励学生多形式学习，提升公共服务水平，推动形成支持学习者人人皆学、处处能学、时时可学的泛在化学习新环境"。

在课程打造方面，也愈来愈强调高品质。在2019年发布的《教育部关于深化本科教育教学改革 全面提高人才培养质量的意见》中，明确提出"全面提高课程建设质量。立足经济社会发展需求和人才培养目标，优化公共课、专业基础课和专业课比例结构，加强课程体系整体设计，提高课程建设规划性、系统性，避免随意化、碎片化，坚决杜绝因人设课。实施国家级和省级一流课程建设'双万计划'，着力打造一大批具有高阶性、创新性和挑战度的线下、线上、线上线下混合、虚拟仿真和社会实践'金课'。积极发展'互联网+教育'、探索智能教育新形态，推动课堂教学革命。严格课堂教学管理，严守教学纪律，确保课程教学质量"。"双万计划""金课"的打造成为课程建设的重点，使新中国成立以来的课程建设走向新的篇章。

（二）课程思政和思政课程发展

我国一直将高等学校的思想政治教育放在工作的首位，这在我国的相关政策中都有所体现。既体现为以课程形态加强教学，也强调多种实践活动的组织设计；既体现为以专门课程完成思政学习任务，也强调将思政的内容渗透到多种学科中。

1. 以政治理论课为载体

1961年颁布的"高教六十条"中第十条明确提出，"高等学校各专业都必须加强政治理论课程的教学，指导学生认真学习马克思列宁主义、毛泽东著作，学习国内外形势和党的方针政策，进行共产主义道德品质的教育"，"政治理论课程的教学时间，理、工科占总学时的百分之十左右；文科一般占总学时的百分之二十左右"。"高教六十条"中第四十七条强调，"必须加强对青年进行艰苦奋斗建设社会主义的教育。应反复宣传毛泽东同志所说的：'要使全体青年们懂得，我们的国家现在还是一个很穷的国家，并且不可能在短时间内根本改变这种状态，全靠青年和全体人民在几十年时间内，团结奋斗，用自己的双手创造出一个富强的国家。社会主义制度的建立给我们开辟了一条达到理想境界的道路，而理想境界的实现还要靠我们的辛勤劳动，有些青年人以为到了社会主义社会就应当什么都好了，就可以不费气力享受现成的幸福生活了，这是一种不实际的想法'。"

1978年10月教育部印发的《全国重点高等学校暂行工作条例（试行草案）》再次提出："高等学校各专业都必须加强政治理论课的教学，指导学生认真学习马克思列宁主义、毛泽东思想，学习国内外形势和党的方针政策，进行共产主义道德品质的教育。政治理论课的教学时间，理工农医各科和外语专业占总学时的百分之十左右，文科一般占总学时的百分之二十左右。"在"高教六十条"中第四十六条中，除了强调"必须加强对学生进行艰苦奋斗建设社会主义的教育"，还强调"要对学生进行革命传统教育，个人利益服从革命利益、全心全意为人民服务的教育，共产主义道德品质的教育和社会主义法制教育"。

1994年发布的《中共中央关于进一步加强和改进学校德育工作的若干意见》强调："以邓小平同志建设有中国特色社会主义理论作为学校马克思主义理论教育的中心内容。这是新时期加强和改进学校德育工作的首要任务和根本措施，学校政治理论课和思想品德课是系统地对学生进行马克思主义理论教育和品德教育的主渠道和基本环节，要重点进行教学内容和方法的改革。"

2."两课"

1998年教育部制定的《面向21世纪教育振兴行动计划》中强调："高等学校的德育工作要以马列主义、毛泽东思想和邓小平理论为指导，按照江泽民同志对全国青年和大学生提出的坚持'学习科学文化与加强思想修养的统一、学习书本知识与投身社会实践的统一、实现自身价值与服务祖国人民的统一、树立远大理想与进行艰苦奋斗的统一'的要求，贯彻落实《中共中央关于进一步加强和改进学校德育工作的若干意见》，坚持社会主义办学方向，完善德育工作体系，教育引导学生坚定政治信念，加强思想修养，树立远大理想，投身社会实践，自觉艰苦奋斗，立志振兴中华，把培养'四有'新人的战略任务落到实处。"

同时，明确提出"认真组织实施"普通高等学校公共马克思主义理论课和思想品德课（简称"两印发课"）课程设置新方案，"加快邓小平理论'进教材、进课堂、进学生头脑'工作的步伐，用邓小平理论武装大学生"。"加强高等学校中华民族优秀传统教育和革命传统教育、人文科学教育和艺术教育，通过增设选修课、举办专题讲座和各种知识性、文艺性业余活动等多种方式，提高学生的文化素质"。

同年，教育部发布的《关于深化教学改革，培养适应21世纪需要的高质量人才的意见》指出，"要充分发挥'两课'在高等学校思想政治教育中的主渠道、主阵地作用。'两课'改革的核心是进一步解决好邓小平理论进课堂、进教材、进头脑的问题，这也是高等教育贯彻十五大精神的一项特殊重要的任务"。要将"两课"与教育方针紧密结合起来，坚持正确的人才培养方向，"要通过深化马克思主义理论课和思想品德课的改革、加强思想道德教育、加强大学生的文化素质教育等多种途径，培养和造就适应21世纪需要，富有时代特征和创新精神，有理想、有道德、有文化、有纪律的社会主义建设者和接班人"。

2001年8月28日，教育部印发的《关于加强高等学校本科教学工作提高教学质量的若干意见》提出，"优良校风、学风对学生起着潜移默化的作用，是保证教育质量的重要前提。高等学校要将学风建设作为教学工作的一项重要内容来抓。要针对新形势下学生的思想实际，加强大学生思想政治工作和文化素质教育，营造健康向上的校园文化，弘扬努力学习、刻苦拼搏的精神，引导学生树立正确的学习观、成才观、就业观"。

3."三全育人"

《2003—2007年教育振兴行动计划》进一步对"两课"的实施提出了要求，要"提高大学生的理论修养，深入推动邓小平理论和'三个代表'重要思想进教材、进课堂、进学生头脑。组织开展普通高等学校马克思主义理论课和思想品德课教育教学状况调查研究，更新和完善课程体系、教学内容和方法。实施高等学校马克思主义理论课和思想品德课立体化教材建设、优秀拔尖人才培养和骨干教师培训、教学资料信息化建设、社会实践基地建设计划，不断提高教育教学的质量和水平"。

同时，"增强高等学校思想政治工作的针对性、实效性和吸引力、感染力。扩大高等学校思想政治教育覆盖面，强化对学生课余活动和生活的引导和管理。推进思想政治工作进公寓、进社团、进网络。加强学生素质教育和校园文化建设，提高大学生的思想道德素质、人文素质、科学素质和身体心理素质。深入开展大学生社会实践活动，积极推进大学生文化科技卫生'三下乡'、青年志愿者和社会公益劳动等活动"。

从这个时期开始，"两课"实施中的相关工作已经逐步完善，相关的教材建设、教师培训、教学资料建设、基地建设都不断完善。思想政治工作也开始从课堂上走下来，走进了公寓、社团、网络，充分地与学生实践紧密结合起来。

在2007年教育部印发的《关于进一步深化本科教学改革全面提高教学质量的若干意见》中，思想政治工作开始融入大学教育的全过程。该意见指出："要切实加强大学生的思想政治教育，把社会主义核心价值体系融入大学教育全过程。要深化教育改革，提高教育质量，着力培养有理想、有道德、有文化、有纪律的大学生，要努力提高大学生的学习能力、创新能力、实践能力、交流能力和社会适应能力。"

在2012年教育部印发的《关于全面提高高等教育质量的若干意见》中，

"全员育人、全过程育人、全方位育人"被着重强调。该意见指出，加强和改进思想政治教育，要"加强形势与政策教育教学规范化、制度化建设。实施立德树人工程，提高大学生思想政治教育工作科学化水平。创新网络思想政治教育，建设一批主题教育网站、网络社区。推动高校普遍设立心理健康教育和咨询机构，开好心理健康教育课程。增强教师心理健康教育意识，关心学生心理健康。制定大学生思想政治教育工作测评体系。启动专项计划，建设一支高水平思想政治教育专家队伍，推进辅导员队伍专业化职业化。创新学生党支部设置方式，加强学生党员的教育、管理和服务，加强在学生中发展党员工作，加强组织人员队伍建设。加强爱国、敬业、诚信、友善等道德规范教育，推动学雷锋活动机制化常态化"。

4. "思政课+课程思政"

与此同时，"课程思政"在逐步酝酿发展过程中。"课程思政"源自上海高校思想政治教育综合改革的实践。为落实"立德树人"根本任务，上海高校自2014年以来，在通识教育中开设"中国系列"课程，由名师大家主讲国家建设发展成就，在课堂教学中根植社会主义核心价值观，"课程思政"正是由此升华的课程理念。"课程思政"概念真正以政策的形式提出始于2018年教育部发布的《关于加快建设高水平本科教育 全面提高人才培养能力的意见》。该意见指出，要"坚持正确办学方向。要全面加强高校党的建设，毫不动摇地坚持社会主义办学方向，办好高校马克思主义学院和思想政治理论课，加强面向全体学生的马克思主义理论教育，深化中国特色社会主义和中国梦宣传教育，大力推进习近平新时代中国特色社会主义思想进教材、进课堂、进头脑，不断增强学生的道路自信、理论自信、制度自信和文化自信"。

同时，"强化课程思政和专业思政。在构建全员、全过程、全方位"三全育人"大格局过程中，着力推动高校全面加强课程思政建设，做好整体设计，根据不同专业人才培养特点和专业能力素质要求，科学合理设计思想政治教育内容。强化每一位教师的立德树人意识，在每一门课程中有机融入思想政治教育元素，推出一批育人效果显著的精品专业课程，打造一批课程思政示范课堂，选择树立一批课程思政优秀教师，形成专业课教学与思想政治理论课教学紧密结合、同向同行的育人格局"。

2018年，教育部、财政部、国家发展改革委印发的《关于高等学校加快

"双一流"建设的指导意见》中指出，要以"育人为本，德育为先，着力培养一大批德智体美全面发展的社会主义建设者和接班人。深入研究学生的新特点新变化新需求，大力加强理想信念教育和国情教育，抓好马克思主义理论教育，践行社会主义核心价值观，坚持不懈的推进习近平新时代中国特色社会主义思想进教材、进课堂、进学生头脑，使党的创新理论全面融入高校思想政治工作。深入实施高校思想政治工作质量提升工程，深化'三全育人'综合改革，实现全员全过程全方位育人；实施普通高校思想政治理论课建设体系创新计划，大力推动以'思政课+课程思政'为目标的课堂教学改革，使各类课程、资源、力量与思想政治理论课同向同行，形成协同效应。发挥哲学社会科学育人优势，加强人文关怀和心理引导。实施高校体育固本工程和美育提升工程，提高学生体质健康水平和艺术审美素养。鼓励学生参与教学改革和创新实践，改革学习评价制度，激励学生自主学习、奋发学习、全面发展。做好学生就业创业工作，鼓励学生到基层一线发光发热，在服务国家发展战略中大显身手"。

在2018年6月22日《中国教育报》中的新时代全国高等学校本科教育工作会议侧记"不抓本科教育的高校不是合格高校"中，关于思想政治工作有形象的比喻："把思想政治之'盐'溶入学校教育之'汤'，培养担当民族复兴大任的时代新人，是上海市近几年来的实践探索。上海市教委主任陆靖介绍，'好的思想政治工作应该像盐，但不能光吃盐，最好的方式是将盐溶解到各种食物中自然而然吸收'，习近平总书记这一语言平实、思想深刻的比喻，为开展'三全育人'提供了重要遵循。近年来，上海着力探索做精思想政治理论课之'盐'、做鲜'课程思政'之'汤'、做强思想政治教师之'厨'，推进'课程思政'改革，使得理想信念教育叫好又叫座，专业课程教学好喝有营养。"

这一理论在2019年发布的《教育部关于深化本科教育教学改革 全面提高人才培养质量的意见》中有更明确的体现。该意见指出，要"把思想政治教育贯穿人才培养全过程。坚持把立德树人成效作为检验高校一切工作的根本标准，用习近平新时代中国特色社会主义思想铸魂育人，加快构建高校思想政治工作体系，推动形成'三全育人'工作格局。把思想政治理论课作为落实立德树人根本任务的关键课程，推动思想政治理论课改革创新，建设一批具有示范效应的思想政治理论课，不断增强思想政治理论课的思想性、理论性和亲和力、针对性。把课程思政建设作为落实立德树人根本任务的关键环节，坚持知识传授与价值引领相统一、显性教育与隐性教育相统一，充分发掘各类课程和教学方式中蕴含的思想政治教育资源，建成一批课程思政示范高校，推出一批课程思政示范课程，选树一批课程思政优秀教师，建设一批课程思政教学研究示范中心，引领带动全员全过程全方位育人"。

2020年教育部等八部门发布的《关于加快构建高校思想政治工作体系的意见》对这一工作给出具体指导，并提出"按照'八个相统一'要求，扎实推进思想政治理论课建设思路创优、师资创优、教材创优、教法创优、机制创优、环境创优。遴选名师大师参与思想政治理论课讲授。把新媒体新技术引入高校思想政治理论课教学，打造高校思想政治理论课资源平台和网络集体备课平台"。

同时，要"强化哲学社会科学育人作用。强化马克思主义理论学科引领作用，推出一批中国特色哲学社会科学精品力作。加强哲学社会科学教材规划编审和规范选用工作。加大哲学社会科学各学科专业中的马克思主义理论类课程建设。扎实推进哲学社会科学专业课程思政建设，文学、历史学、哲学类专业课程要帮助学生掌握马克思主义世界观和方法论，从历史与现实、理论与实践等相结合的维度深刻理解习近平新时代中国特色社会主义思想。经济学、管理学、法学类专业课程要培育学生经世济民、诚信服务、德法兼修的职业素养。教育学类专业课程要注重加强师德师风教育，引导学生树立学为人师、行为世范的职业理想"。还要"全面推进所有学科课程思政建设。统筹课程思政与思政课程建设，构建全面覆盖、类型丰富、层次递进、相互支撑的课程体系"。

这一阶段的思政工作也取得了明显效果。根据教育部发布的《全国普通高校本科教育教学质量报告（2020年度）》，"高校致力构建'大思政'立德树人格局，持续完善思想政治教育机制。各校积极探索思政课与课程思政的建设新思路新方法，将'战疫'素材融入思政教育，加强学生爱国主义教育、'四史'学习教育，紧密结合思政小课堂和社会大课堂，营造浸润式思想政治教育环境。调查显示，2020年大学生对思政课的满意度超过90%，比2015年提高了18个百分点"。

（三）高等教育与劳动相结合

1961年颁布的"高教六十条"中明确提出，"学生参加生产劳动的主要目的，是养成劳动习惯，向工农群众学习，同工农群众密切结合，克服轻视体力劳动和体力劳动者的观点。同时通过生产劳动更好地贯彻理论联系实际的原则"。教育与生产劳动相结合，是马克思主义关于教育的重要观点之一。马克思和恩格斯根据辩证唯物主义和历史唯物主义原理，剖析了现代教育与现代社会的关系，指出教育与生产劳动相结合是现代社会和现代教育发展的普遍规律；并指出让儿童参加力所能及的定量生产劳动，同时对他们进行智育、体育和综合技术教育，这不仅是提高生产的一种方法，而且是改造旧社会，培养全面发展的人的方法。不同时期教育与生产劳动相结合有不同的特征和要求，我国本科教学政策中也将这一发展历程明确地体现出来。这个历程共分为两个阶段。

1. 重视劳动习惯与劳动活动

这个阶段历时比较长，从1961年开始，一直到2019年，生产劳动与教育的结合主要以生产劳动活动为主。

1961年颁布的"高教六十条"中明确提出，"学生参加生产劳动的主要目的，是养成劳动习惯，向工农群众学习，同工农群众密切结合，克服轻视体力劳动和体力劳动者的观点。同时，通过生产劳动，更好地贯彻理论联系实际的原则"。1978年10月教育部颁布的《全国重点高等学校暂行工作条例（试行草案）》继续强调，教育要与生产劳动相结合，必须正确处理教学工作与生产劳动、科学研究、社会活动之间的关系。

1994年颁布的《中共中央关于进一步加强和改进学校德育工作的若干意见》强调，"教育与生产劳动相结合，是坚持社会主义教育方向的一项基本措施"，"高等学校要把社会实践纳入教学、教育计划，组织学生参加社会调查、生产劳动、科技文化服务、军政训练、勤工俭学等活动"。1996年颁布的《全国教育事业"九五"计划和2010年发展规划》提出："实行教育与生产劳动（社会应用）相结合，引导学生走与工农相结合的道路，增强对劳动人民的感情，逐步树立起科学的世界观和全心全意为人民服务的人生观。"2004年教育部印发的《2003—2007年教育振兴行动计划》强调："深入开展大学生社会实践活动，积极推进大学生文化科技卫生"三下乡"、青年志愿者和社会公益劳动等活动。"

2007年教育部印发的《关于进一步深化本科教学改革全面提高教学质量的若干意见》提出："要采取各种有力措施，确保学生专业实习和毕业实习的时间和质量，推进教育教学与生产劳动和社会实践的紧密结合。"

2010年教育部颁布的《国家中长期教育改革和发展规划纲要（2010—

2020年）》提出，要"注重知行统一。坚持教育教学与生产劳动、社会实践相结合。开发实践课程和活动课程，增强学生科学实验、生产实习和技能实训的成效。充分利用社会教育资源，开展各种课外、校外活动"。

2012年，教育部印发的《关于全面提高高等教育质量的若干意见》中，在"强化实践育人环节"提到，要"制定加强高校实践育人工作的办法……广泛开展社会调查、生产劳动、志愿服务、公益活动、科技发明、勤工助学和挂职锻炼等社会实践活动"。

在同年颁布的《关于进一步加强高校实践育人工作的若干意见》中，明确提出"社会调查、生产劳动、志愿服务、公益活动、科技发明和勤工助学等社会实践活动是实践育人的有效载体……要倡导和支持学生参加生产劳动、志愿服务和公益活动，鼓励学生在完成学业的同时参加勤工助学，支持学生开展科技发明活动"。

2018年教育部印发的《关于加快建设高水平本科教育 全面提高人才培养能力的意见》，将生产劳动作为学生综合素质的一部分，强调"发展素质教育，深入推进体育、美育教学改革，加强劳动教育，促进学生身心健康，提高学生审美和人文素养，在学生中弘扬劳动精神，教育引导学生崇尚劳动、尊重劳动。把国家安全教育融入教育教学，提升学生国家安全意识和提高维护国家安全能力。把生态文明教育融入课程教学、校园文化、社会实践，增强学生生态文明意识。广泛开展社会调查、生产劳动、志愿服务、科技发明、勤工助学等社会实践活动，增强学生表达沟通、团队合作、组织协调、实践操作、敢闯会创的能力"。

2019年发布的《教育部关于深化本科教育教学改革 全面提高人才培养质量的意见》，从学生学习的角度，提出生产劳动的重要性。合理增加学生阅读量和体育锻炼时间，以适当方式纳入考核成绩。积极组织学生参加社会调查、生产劳动、志愿服务、公益活动、科技发明和勤工助学等实践活动。

2. 课程模块+多方位融入

2020年教育部印发的《大中小学劳动教育指导纲要（试行）》强调："普通高等学校要将劳动教育纳入专业人才培养方案，明确主要依托的课程，可在已有课程中专设劳动教育模块，也可专门开设劳动专题教育必修课，本科阶段不少于32学时；课程内容应加强马克思主义劳动观教育，普及与学生职业发展密切相关的通用劳动科学知识，并经历必要的实践体验。"

同时强调："普通高等学校要将劳动教育有机纳入专业教育、创新创业教育，不断深化产教融合，强化劳动锻炼要求，加强高等学校与行业骨干企业、高新企业、中小微企业紧密协同，推动人才培养模式改革。专业类课程主要与服务学习、实习实训、科学实验、社会实践、毕业设计等相结合开展各类劳动实践，注重分析相关劳动形态发展趋势，强化劳动品质培养。在公共必修课中，要进一步强化马克思主义劳动观教育、劳动相关法律法规与政策教育。"

同年，中共中央、国务院印发的《关于全面加强新时代大中小学劳动教育的意见》提出明确要求："高等学校要注重围绕创新创业，结合学科和专业积极开展实习实训、专业服务、社会实践、勤工助学等，重视新知识、新技术、新工艺、新方法应用，创造性地解决实际问题，使学生增强诚实劳动意识，积累职业经验，提升就业创业能力，树立正确择业观，具有到艰苦地区和行业工作的奋斗精神，懂得空谈误国、实干兴邦的深刻道理；注重培育公共服务意识，使学生具有面对重大疫情、灾害等危机主动作为的奉献精神。"

三、本科教学方法的发展

本科教学方法的发展演变历程既与一线师生的真实需求、学者的学术研究紧密相关，也与政策的导向密不可分。本科教学方法的发展历经了以下发展过程。

（一）以课堂讲授为主阶段

新中国成立之初，对于教学方法的要求主要聚焦于如何完成课堂讲授的任务，如1961年颁布的"高教六十条"中明确提出："在教学中起主导作用的是教师。课堂讲授是教学的基本形式，教师必须努力提高课堂讲授的水平。其他各种教学环节，都要在教师的指导下进行。教师要认真地传授自己的知识和经验，负责地教育学生和严格地要求学生，启发学生的主动性和积极性，注意因材施教。教师要注意听取学生对教学的意见和要求，改进教学工作，做到教学相长。"

（二）强调启发式+自学阶段

20世纪末教育部印发的《关于深化教学改革，培养适应21世纪需要的高质量人才的意见》强调，要"改革教学方法和手段，加强对学生自学能力和创新能力的培养"，应该"重视学生在教学活动中的主体地位，充分调动学生学习的积极性、主动性和创造性。要进一步精减课堂教学时间，为学生创造更多的自学条件。要根据学生的特点和需要，因材施教。要改革'灌输式'以及在教学中过分偏重讲授的教学方法，积极实践启发式、讨论式、研究式等生动活泼的教学方法。要重视综合性实践教学环节，更加密切教学与科学研究、生产实践的联系。教学方法的改革要有利于加强学生自学能力、独立分析解决问题能力的培养，有利于加强学生创新思维和实际创新能力的培养，有利于学生个性和才能的全面发展"。在这份文件中，不仅强调学生自学能力的培养，同时要求过分偏重讲授的方法需要改革，应该积极实践启发式、讨论式、研究式等生动活泼的教学方法。

2005年教育部发布的《关于进一步加强高等学校本科教学工作的若干意见》提出，应"深化教学改革，优化人才培养过程"，强调"高等学校要根据经济社会发展对人才的需求，调整和设置学科专业，不断优化学科专业结构，加强新设置专业建设和管理，把拓宽专业口径与灵活设置专业方向有机结合。要科学制订人才培养目标和规格标准，把加强基础与强调适应性有机结合，着力培养基础扎实、知识面宽、能力强、素质高的人才，更加注重学生能力培养。要继续推进课程体系、教学内容、教学方法和手段的改革，构建新的课程结构，加大选修课程开设比例，积极推进弹性学习制度建设。要切实改变课堂讲授所占周学时过多的状况，为学生提供更多的自主学习的时间和空间。有条件的高校要积极推行导师制，努力为学生全面发展提供优质和个性化的服务"。

（三）注重创新教学方法阶段

2012年教育部发布的《关于全面提高高等教育质量的若干意见》强调："改革教学管理，探索在教师指导下，学生自主选择专业、自主选择课程等自主学习模式。创新教育教学方法，倡导启发式、探究式、讨论式、参与式教学。促进科研与教学互动，及时把科研成果转化为教学内容，重点实验室、研究基地等向学生开放。支持本科生参与科研活动，早进课题、早进实验室、早进团队。"

同年，教育部等部门印发的《关于进一步加强高校实践育人工作的若干意见》提出："深化实践教学方法改革。实践教学方法改革是推动实践教学改革和人才培养模式改革的关键。各高校要把加强实践教学方法改革作为专业建设的重要内容，重点推行基于问题、基于项目、基于案例的教学方法和学习方法，加强综合性实践科目设计和应用。要加强大学生创新创业教育，支持学生开展研究性学习、创新性实验、创业计划和创业模拟活动。"

（四）注重课堂教学革命阶段

2018年教育部发布的《关于加快建设高水平本科教育　全面提高人才培养能力的意见》提出，要"推动课堂教学革命。以学生发展为中心，通过教学改革促进学习革命，积极推广小班化教学、混合式教学、翻转课堂，大力推进智慧教室建设，构建线上线下相结合的教学模式。因课制宜选择课堂教学方式方法，科学设计课程考核内容和方式，不断提高课堂教学质量。积极引导学生自我管理、主动学习，激发求知欲望，提高学习效率，提升自主学习能力"。

2019年教育部发布的《关于一流本科课程建设的实施意见》提出，要"改革方法，课堂活起来。以提升教学效果为目的创新教学方法。强化课堂设计，解决好怎么讲好课的问题，杜绝单纯知识传递、忽视能力素质培养的现象。强化现代信息技术与教育教学深度融合，解决好教与学模式创新的问题，杜绝信息技术应用的简单化、形式化。强化师生互动、生生互动，解决好创新性、批判性思维培养的问题，杜绝教师满堂灌、学生被动听的现象"。

同年发布的《教育部关于深化本科教育教学改革　全面提高人才培养质量的意见》提出："激励学生刻苦学习。高校要切实加强学风建设，教育引导学生爱国、励志、求真、力行。要提升学业挑战度，强化人才培养方案、教学过程和教学考核等方面的质量要求，科学合理设置学分总量和课程数量，增加学生投入学习的时间，提高自主学习时间比例，引导学生多读书、深思考、善提问、勤实践。"同时提出："积极发展'互联网+教育'、探索智能教育新形态，推动课堂教学革命。严格课堂教学管理，严守教学纪律，确保课程教学质量。"

四、本科教学评估的发展

（一）起步阶段

我国对高校的教学评估始于20世纪80年代中期。1985年5月，国家颁布《中共中央关于教育体制改革的决定》，首次提出了"高等教育评估"这一术语，标志着我国高等教育评估政策开始建立。受此政策的指引，我国开始在工程教育领域进行高等教育评估的试点探索。1985年11月，《关于开展高等工程教育评估研究和试点工作的通知》印发，全面启动了高校办学水平评估、专业评估、课程评估的试点工作，为高等教育评估的全面启动积累了经验。

1990年，国家教育委员会发布《普通高等学校教育评估暂行规定》，该规定首次明确提出，"普通高等学校教育评估的主要目的，是增强高等学校主动适应社会需要的能力，发挥社会对学校教育的监督作用，自觉坚持高等教育的社会主义方向，不断提高办学水平和教育质量，更好地为社会主义建设服务"，同时，该规定强调普通高等学校教育评估的基本任务是："根据一定的教育目标和标准，通过系统地搜集学校教育的主要信息，准确地了解实际情况，进行科学分析，对学校办学水平和教育质量作出评价，为学校改进工作、开展教育改革和教育管理部门改善宏观管理提供依据"。这些明确的规定标志着我国高等教育评估进入规范化发展阶段。

此后，一系列的法律和政策使高等教育评估制度的地位不断强化，如1993年颁布的《中国教育改革和发展纲要》指出，要"建立各级各类教育的质量标准和评估指标体系。各地教育部门要把检查评估学校教育质量作为一项经常性的任务"。"对职业技术教育和高等教育，要采取领导、专家和用人部门相结合的办法，通过多种形式进行质量评估和检查。各类学校都要重视了解用人单位对毕业生质量的评估。"

2001年8月28日，教育部印发的《关于加强高等学校本科教学工作提高教学质量的若干意见》强调："政府和社会监督与高校自我约束相结合的教育质量监测和保证体系，是提高本科教育质量的基本制度保障。各级教育行政部门要建立科学有效的本科教育质量评估和宏观监测的机制。教育部拟将进一步修改和完善高等学校本科教学评估指标体系，并适时开展本科教学工作的评估、检查；加强对不同层次、不同类型高等学校教学质量监测的分类指导；引导和规范社会评估高等学校人才培养质量的活动。高等学校要根据新世纪人才培养的要求，不断深化教学管理制度的改革，优化教学过程控制；建立用人单位、教师、学生共同参与的教学质量内部评估和认证机制；建立有利于加强提高本科教学的人事、劳动和分配制度。各地教育行政部门和高等学校要从本地区、学校的实际情况出发，制订相应的具体措施和办法，创造性地贯彻本文件精神，把本科教育质量提高到一个新水平，为现代化建设做出更大贡献。"

（二）常态化阶段

这一阶段，教学评估成为提高教学质量的重要手段，成为高等学校的常态化工作，从2004年开启"以五年为一周期的全国高等学校教学质量评估制度"，定期公布评估数据，进而提升教学质量，完善监控机制。

2004年教育部发布的《2003—2007年教育振兴行动计划》强调，要"完善高等学校教学质量评估与保障机制。健全高等学校教学质量保障体系，建立高等学校教学质量评估和咨询机构，实行以五年为一周期的全国高等学校教学质量评估制度。规范和改进学科专业教学质量评估，逐步建立与人才资格认证和职业准入制度挂钩的专业评估制度。加强高等学校教学质量评估信息系统建设，形成评估指标体系，建立教学状态数据统计、分析和定期发布制度"。

2005教育部印发的《关于进一步加强高等学校本科教学工作的若干意见》提出："加强高等学校教学工作评估，完善教学质量保障体系。教育部实施定期进行教学评估制度和高校教学基本状态数据年度公布制度，有计划地开展学科专业等专项教学评估工作，逐步建立政府、高校和社会有机结合的高等教育质量保障体系。重视不同类型高校的办学定位和特点，按照分类指导的原则，进一步完善教学工作评估指标体系。要充分发挥教学评估的激励和导向作用，将评估结果作为学校增设专业、确定招生计划、进行资源分配等有关工作的重要依据。高等学校要努力探索和建立本校教学质量保证与监控机制。"

2007年教育部印发的《关于进一步深化本科教学改革全面提高教学质量的若干意见》提出，要"进一步加强高等学校教学评估工作。教育部将根据国家对提高高等教育质量的新要求，继续开展并不断完善高等学校教学质量定期评估制度，把教学评估的结果作为衡量高等学校办学水平的重要指标，以评促建、以评促改、重在促进教学工作、重在提高教学质量。建立高等学校教学基本状态数据年度统计和公布制度，并作为教学工作评估的重要依据。积极开展专业评估和工程教育认证、医学教育认证等试点工作，逐步建立高等学校、政府和社会共同参与的中国高等教育质量保障体系"。

同时提出："进一步完善高等学校的内部质量监控和评价体系。各高等学校要进一步加强教学质量监控，建立用人单位、教师、学生共同参与的学校内部质量保障与评价机制，形成社会和企业对课程体系与教学内容的评价制度、课堂教学评估制度、实践教学评估制度、领导和教师听课制度、同行评议制度、学生定期反馈制度及教学督导制度等，加强对人才培养过程的管理。完善教师、院系、学校三级质量保障机制，逐步建立保证教学质量不断提高的长效机制。"

（三）制度完善阶段

从2012年开始，本科教学评估进入完善制度的阶段，不仅对2000年以来未参加过评估的新建本科高校实行合格评估，对参加过评估并获得通过的普通本科高校实行审核评估，而且强调自我评估制度，并且完善了专业认证制度。

2012年教育部印发的《关于全面提高高等教育质量的若干意见》强调："健全教育质量评估制度。出台高校本科教学评估新方案，加强分类评估、分类指导，坚持管办评分离的原则，建立以高校自我评估为基础，以教学基本状态数据常态监测、院校评估、专业认证及评估、国际评估为主要内容，政府、学校、专门机构和社会多元评价相结合的教学评估制度。加强高校自我评估，健全校内质量保障体系，完善本科教学基本状态数据库，建立本科教学质量年度报告发布制度。实行分类评估，对2000年以来未参加过评估的新建本科高校实行合格评估，对参加过评估并获得通过的普通本科高校实行审核评估。"

2018年教育部印发的《关于加快建设高水平本科教育 全面提高人才培养能力的意见》提出，"强化高校质量保障主体意识。完善高校自我评估制度，健全内部质量保障体系。要按照《普通高等学校本科专业类教学质量国家标准》及有关行业标准，根据学校自身办学实际和发展目标，构建教育基本标准，确立人才培养要求，并对照要求建立本科教学自我评估制度。要将评估结果作为校务公开的重要内容向社会公开"。

同时，"强化质量督导评估。通过督导评估，引导高等学校合理定位、办出水平、办出特色，推进教学改革，提高人才培养质量。完善督导评估机制，形成动态监测、定期评估和专项督导的新型评估体系。建设好高等教育质量监测国家数据平台，利用互联网和大数据技术，形成覆盖高等教育全流程、全领域的质量监测网络体系。规范本科教学工作审核评估和合格评估，开展本科专业评估。推进高等学校本科专业认证工作，开展保合格、上水平、追卓越的三级专业认证。针对突出质量问题开展专项督导检查"。强化评估认证结果的应用，建立评估认证结果公示和约谈、整改复查机制。

还强调要"发挥专家组织和社会机构在质量评价中的作用。充分发挥高等学校教学指导委员会、高等学校本科教学工作评估专家委员会等学术组织在标准制订、评估监测及学风建设方面的重要作用。充分发挥行业部门在人才培养、需求分析、标准制订和专业认证等方面的作用。通过政府购买服务方式，支持社会专业评估机构开展高等教育质量评估"。

2019发布的《教育部关于深化本科教育教学改革　全面提高人才培养质量的意见》强调，"全面推进质量文化建设。完善专业认证制度，有序开展保合格、上水平、追卓越的本科专业三级认证工作。完善高校内部教学质量评价体系，建立以本科教学质量报告、学院本科教学评价、专业评价、课程评价、教师评价、学生评价为主体的全链条多维度高校教学质量评价与保障体系。持续推进本科教学工作审核评估和合格评估。要把评估、认证等结果作为教育行政部门和高校政策制定、资源配置、改进教学管理等方面的重要决策参考"。

（四）深化发展阶段

2020年中共中央、国务院印发的《深化新时代教育评价改革总体方案》标志着本科教学评估进入深化发展阶段。高校分类评价继续推进，制定"双一流"建设成效评价办法，开始探索建立应用型本科评价标准、探索高校服务全民终身学习情况评价，促进学习型社会建设。这种趋势在2021年教育部印发的《普通高等学校本科教育教学审核评估实施方案（2021—2025年）》中都有所体现。

2020年，中共中央、国务院印发的《深化新时代教育评价改革总体方案》指出："教育评价事关教育发展方向，有什么样的评价指挥棒，就有什么样的办学导向。"同时指出："坚持立德树人，牢记为党育人、为国育才使命，充分发挥教育评价的指挥棒作用，引导确立科学的育人目标，确保教育正确发展方向。"

明确提出"改进高等学校评价。推进高校分类评价，引导不同类型高校科学定位，办出特色和水平。改进本科教育教学评估，突出思想政治教育、教授为本科生上课、生师比、生均课程门数、优势特色专业、学位论文（毕业设计）指导、学生管理与服务、学生参加社会实践、毕业生发展、用人单位满意度等。改进学科评估，强化人才培养中心地位，淡化论文收录数、引用率、奖项数等数量指标，突出学科特色、质量和贡献，纠正片面以学术头衔评价学术水平的做法，教师成果严格按署名单位认定、不随人走。探索建立应用型本科评价标准，突出培养相应专业能力和实践应用能力。制定'双一流'建设成效评价办法，突出培养一流人才、产出一流成果、主动服务国家需求，引导高校争创世界一流。改进师范院校评价，把办好师范教育作为第一职责，将培养合格教师作为主要考核指标。改进高校经费使用绩效评价，引导高校加大对教育教学、基础研究的支持力度。改进高校国际交流合作评价，促进提升校际交流、来华留学、合作办学、海外人才引进等工作质量。探索开展高校服务全民终身学习情况评价，促进学习型社会建设"。

2021年教育部印发的《普通高等学校本科教育教学审核评估实施方案（2021—2025年）》的指导思想是："全面落实立德树人根本任务，坚决破除'五唯'顽瘴痼疾，扭转不科学教育评价导向，确保人才培养中心地位和本科教育教学核心地位。"在原则方面，一方面强调"紧扣本科教育教学改革主线，落实'以本为本''四个回归'，强化学生中心、产出导向、持续改进，以评估理念引领改革、以评估举措落实改革、以评估标准检验改革，实现高质量内涵式发展。"另一方面强调，要"坚持问题导向。建立'问题清单'，严把高校正确办学方向，落实本科人才培养底线要求，提出改进发展意见，强化评估结果使用和督导复查，推动高校落实主体责任、建立持续改进长效机制，培育践行高校质量文化"。还要"坚持方法创新。综合运用互联网、大数据、人工智能等现代信息技术手段，深度挖掘常态监测数据，采取线上与入校结合、定性与定量结合、明察与暗访结合等方式，切实减轻高校负担，提高工作实效"。

五、典型大学发展实例

1985年出台的《中共中央关于教育体制改革的决定》强调，要从根本上改变教育事业落后的状况，"必须从教育体制入手，有系统地进行改革。改革管理体制，在加强宏观管理的同时，坚决实行简政放权，扩大学校的办学自主权；调整教育结构，相应地改革劳动人事制度。还要改革同社会主义现代化不相适应的教育思想、教育内容、教育方法。经过改革，要开创教育工作的新局面，使基础教育得到切实的加强，职业技术教育得到广泛的发展，高等学校的潜力和活力得到充分的发挥……"在该决定影响下，国内很多大学开始自主探索，四川大学、南京大学、武汉大学、华东师范大学、兰州大学等是较为具有典型性的大学。

（一）四川大学本科教学改革

2018年6月21日，新时代全国高等学校本科教育工作会议在四川大学举行，这是改革开放40年来第一次全国本科教育大会。这次大会以"坚持'以本为本'，推进'四个回归'，加快建设高水平本科教育、全面提高人才培养能力"为主题，高扬人才培养主旋律，把本科教育放在前所未有的战略高度。这次会议选择在四川大学召开，无疑也是对四川大学一直以来本科教学改革工作历程的认可。四川大学的本科教学改革具有很强的典型性和参考意义。

1.强调"以学习为中心"，实施小班化

进入21世纪，四川大学开始进行大规模的本科教学改革。这个阶段主要围绕"以学习为中心"的理念，扎实推进教育教学改革。

广泛实施"探究式-小班化"课堂教学，要求教师从"讲授者"转变为"引导者"，推行启发式讲授、探究式讨论和非标准答案考试，引导学生主动学习，促进教学相长。学校改建了小班化互动式教室180余间，实现了多媒体教室全覆盖，2/3左右的课程实施了"翻转课堂"教学改革。强化过程考核，在总成绩中，将期末考试成绩的比例逐步降低到50%，平时考核次数原则上不低于6次，鼓励实行非标准答案考试，取消"60分及格"，引导学生全过程、全身心投入学习。2018年，推动课堂教学小班化、面对面、点对点，按照25人编班，实行"探究式-小班化"教学，开设课程9000多门次，占课程总数的比例超过70%。2019年开设"探究式-小班化"课程9024门次，占课程总量的70.5%。

2.实施新时代立德树人工程

深入实施思想政治工作质量提升工程，构建课程育人等十大育人质量提升体系，进一步地提升学生政治素养和文化内涵。加强思想政治理论课建设，打造文科知名专家"名师示范课堂"，深入推进习近平新时代中国特色社会主义思想"三进"工作，引导学生增强"四个意识"、坚定"四个自信"、做到"两个维护"。构建德智体美劳全面培养的教育体系，优化"川大榜样、大川视界、健康川大、高雅川大、大川生活"五大成才引领计划，实施大学生社会责任感培育计划。修订完善《四川大学关于"全课程核心价值观"建设的实施意见》，深度推进"全课程、全过程"核心价值观教育。建成江姐纪念馆，编演《江姐颂》舞台剧，设立朱德、巴金、江姐等荣誉班级，教育引导学生传承红色基因。到2021年，认定课程思政"榜样课"479门次、"标杆课"28门次，积极营造"课程门门有思政、教师人人讲育人"的良好氛围。实施通识教育核心课程建设计划与一流课程建设方案，打造国家级、省级一流课程和优质教材，累计64门课程被认定为国家级一流课程。贯彻"以学习为中心"的教学理念，推行"探究式–小班化"课堂教学改革，小班化教学覆盖率达70.5%，全过程学业评价和非标准化答案考试改革实现全覆盖。

3. 不断完善"实践应用型"课程体系

加强第二课堂建设。不断完善"实践应用型"课程体系，推进教学与科研相结合、课程与课题相结合、研究团队与教学团队相结合，鼓励学生进课题组、进实验室、进科研团队。实施"大学生创新创业训练计划"，推动全校科研资源和大型设备仪器向学生开放共享。设立"学生创新基金"，制定适应学生创业需要的学籍管理制度以及激励优秀学生创业的激励政策，形成在学习中创新创业、在创新创业中学习的文化氛围。

从2018年开始，四川大学以立德树人为根本，以改革创新为动力，充分发挥多学科交叉融合优势和研究型大学的科研优势，加快建设高水平一流本科教育，着力培养担当民族复兴大任的时代新人。

4. 加强国际交流与合作力度

加大国际合作力度。与牛津大学、美国亚利桑那州立大学等100余所世界知名大学建立了联合培养项目。全面开展全英语授课专业建设，自2010年以来，共建成400余门全英语授课课程。自2012年起，学校在每学年春季学期末设立为期2~3周的"实践及国际课程周"，开展丰富多彩的开放交流活动。

从2021年起，四川大学积极推进与世界一流大学合作，加强一流专业建设。与美国匹兹堡大学共建材料科学与工程、工业工程、机械设计制造及其自动化3个专业；与德国克劳斯塔尔工业大学共建电气工程及其自动化专

业。主动对接"一带一路"建设，与波兰华沙大学合作开设"波兰语+"专
业。推进"六卓越一拔尖"计划，依托一流专业打造一流基地。数学、化
学、生物学、基础医学、中国语言文学5个专业入选"拔尖计划2.0"国家级
基地。依托法学、新闻学、临床医学等国家级一流专业建设点，实施卓越法
治人才、卓越新闻人才、卓越医生等教育培养计划，不断提升人才培养
质量。

5. 注重创新创业教育

2015年开设"本科教育创新大讲堂"，邀请国内外一流专家讲学。依托
教师教学发展中心，聘请教学导师培训指导青年教师教学工作，开展新教师
教学能力培训、教师教学能力发展月、"教学策略"进学院等系列教学研讨
活动。组织"午餐沙龙""教学下午茶"特色研讨，组建"教学俱乐部"，举
办青年教师教学竞赛，传播先进教学理念、教学方法和教学技巧，促进教师
跨学科交流与合作。推行青年教师本科教学"双证"准入制度，要求青年教
师必须同时具有教师资格证和教学能力培训合格证，才能为本科生授课。

2018年着重推动教育教学改革创新。完善课程体系，加强教材建设和选
用，升级文化素质选修课，筹建跨学科贯通式"微专业"，提升课程教学含
金量。实施"基于现代信息网络技术的深度学习探索计划"，打造支持教师
实现个性化教学的"智授系统"，升级促进学生自主学习的"智课环境"，建
设基于学生行为分析的科学化管理"智为平台"。开展全过程学业评价考核，
加大过程考核成绩比重，把期末考试成绩权重降到50%以下。根据各学科、
专业特点，实行开放式命题，实现非标准答案考试全覆盖。深入实施创新创
业教育改革行动计划，每年投入1500万元设立学生"异想天开基金""自主
研究项目基金"，让学生广泛参与"大学生创新创业训练计划""科研训练计
划""异想天开计划"等。投入2亿多元建设学生创意实践平台，打造学生
创业"i创街"，鼓励并扶持学生成立交叉创新"智慧梦工厂"、创新实验室、
创业公司等，提升学生创新创业能力。

着力优化"双创"课程与实践条件。把创新创业作为教育教学改革的重
要内容，出台"创新创业教育改革行动计划"，将创新创业教育纳入人才培
养方案，并作为学生必修课。实施"万门课程"建设计划，重点打造"实践
应用型""创新创业型"课程体系，开设相关课程2500多门。加强"双创"
兼职导师队伍建设，聘请海内外知名企业家、创新创业精英及相关领域专家

1400余名担任专兼职导师。实施"多学科交叉培养计划",设置多学科交叉专业,设立多学科交叉渗透课程和研究课题,构建跨学院、跨学科交叉联合培养创新创业人才新机制。实施"大学生科学探索实验计划""大学生创新创业训练计划""科研训练计划",设立多种创新创业基金,支持学生创新创业实践。加强首批国家级"双创"示范基地建设,投入2亿余元经费建设"双创"教育实践平台、创新创意实现平台(智造梦工场)等五大示范平台,会同武侯区创建"协同创新孵化器""武侯新城加速器",打造"大学生创新创业能力培育与孵化中心",鼓励大学生参加创新创业竞赛,提升大学生实践能力和创新创业能力。

四川大学注重跨学科教育,发挥学校多学科优势,积极探索交叉学科专业人才培养,要求大学生修读非本专业类课程不少于2门4学分。整合理工文医经管法等各学科专业和国家重点实验室、研究中心资源,实施"跨学科-贯通式"人才培养项目。到2021年,四川大学共建有19个交叉专业和交叉培养试验班,包括数学经济学、计算生物学、法医学与法学、口腔数字化技术4个双学士学位,华西生物国重创新班、生物材料国家工程中心创新班等6个大师领衔的创新班,计算金融、"世界史+外国语"等8个交叉试验班,以及医学长学制人才培养创新班。

6. 不断完善考核激励机制

2015年启动"四川大学优秀公共基础课教师副高级专业技术职务晋升绿色通道",把职称晋升和岗位考核的重点放在教学任务的数量与质量、教育教学研究的水平与成果、青年教师的传帮带与教学成果推广情况等方面,激励教师投身公共课教学。每年召开本科教学工作会,对评选出的教学名师、十佳关爱学生教师、本科教学优秀教师、最受学生欢迎教师等20余个奖项获得者进行表彰,强化人才培养的中心地位和本科教学的基础地位。设立"卓越教学奖",由企业和知名校友捐资重奖教书育人的教育家、引领者、标兵和榜样,鼓励教师成为学生学业和精神上的导师。

7. 构建合理的管理体制

强化本科教育核心地位。把本科教育作为"一把手工程",全面落实领导责任。深化校院两级人才培养管理体制改革,突出学院和专业(系)人才培养主体地位,加强基层教学组织建设。完善二级单位本科教学考核办法,强化本科教学工作的刚性要求,坚持教授、副教授为本科生上课制度,健全教师年度岗位考评机制，修订教师专业技术职务申报条件，把本科教学任务和效果作为评聘必备条件。深入推进本科教学质量专项检查，开展专业自评及第三方评估。强化过程管理，提高课程考核难度，提升学业挑战度。健全考试管理规定，严格学业预警和退学制度，提高毕业论文（设计）标准，严把毕业生"出口关"。强化本科教学状态数据监测，加强本科教育质量督导队伍建设。

坚持以评促建，健全质量保障体系。以《普通高等学校本科专业类教学质量国家标准》作为专业认证评估的重要依据，大力推动工程教育专业认证和医科专业的国际认证评估。积极推进以本科专业类教学质量国家标准为核心的校内评估，实现专业评估、设置、优化、调整、退出常态化。完善校院两级管理体制机制，提高学院在专业设置、建设、调整方面的自主权。对标有关国家标准和专业认证标准修订人才培养方案，组建质量保障专家团队，建立本科专业质量保障体系，实行常态监控，并将专业建设成效作为资源分配的重要依据，不断提升专业建设质量和水平。

8. 注重培养教师队伍

引导教师爱教乐教善教。将师德教育摆在教师培养培训首位，加强教师理想信念和职业道德教育，把师德表现作为教职工选聘、考核、晋升、评优的首要标准。制定"教职工师德师风规范"，建立师德监督投诉平台，实行师德"一票否决"。坚持严格要求与重奖激励相结合，加强教师队伍建设。出台《加强和改进新时代教师思想政治工作的实施办法》，把思想政治素质培养和考察贯穿教师职业生涯全过程。举办优秀青年人才专题研修班、海归学者国情研习班等，开展"弘扬爱国奋斗精神，建功立业新时代"主题教育活动，激发青年人才爱国报国情怀。实行教师"双证"制度，规定教师教学必须持有教师资格证和教学能力培训合格证。设立老中青优秀教师"教学三大奖"，特等奖和一等奖奖励额度分别为100万元和50万元，重奖全身心投入教学一线的本科教师。每年召开本科教学工作表彰会，对积极开展教学改革、课堂内外与学生交流互动的优秀教师进行表彰奖励。探索设置"终生荣誉教授"称号，引导教师安心从教、热心从教。

持续强化教学激励和教师培训。建立多维度、多渠道的一线教师教学激励与发展机制，引导广大教师教书育人、改革创新，形成"教师是第一身份，上好课是第一要务，关爱学生是第一职责"的价值认同，努力建设一流师资队伍。设立"卓越教学奖""星火校友奖教金""青年教师优秀教学奖"

等教学三大奖，重奖品德高尚、教学优秀、学术卓越的一线教师，使长期从事本科教学优秀教师的辛勤劳动得到充分尊重，激发教师教书育人的内生动力。充分发挥学校作为国家级教师教学发展示范中心优势，适应一线教学改革创新实际需要，持续举办"以学为中心的教育国际研讨会""本科教育创新大讲堂""教师教学能力发展月""教学策略进学院""智慧教学校园行"等各类教研教改研讨会，推动教师转变教学理念、创新教学方法。参加各类研讨培训的教师超过3万人次，教师整体的教学能力和教学水平得到显著提升。

9. 融合推进硬件升级和环境创设

建设学术殿堂式教学环境，形成教学理念方法"软件"与教学环境"硬件"良性互动的"全空间"育人格局。启动"智慧教学环境建设工程"，分期分批对学校教室进行升级改造。投入2亿余元经费全面推进"教室革命"，打造"手机互动教室""多屏互动教室""网络互动教室""多视窗教室"等各类"智慧教室"403间，超过学校教室总数的80%。建设互动式、智能化、开放型、多样性智慧教学环境，让师生可以随时随地进行交流讨论与思维碰撞，实现教学空间与教育理念、教学模式和教学方法的双向促进。通过"智慧教学环境"支撑教育教学改革创新，督促教师更新理念、改进方法。开发各具特色的智慧教学方法，将不同手机互动平台和软件融入课堂，实现软件与硬件相互协调，有效发挥各自作用。

10. 构建合理专业布局

从2021年开始，四川大学着眼优化结构，构建合理专业布局。坚持需求导向，深化本科专业供给侧结构性改革。按照"控制规模、促进交叉、提升品质、彰显特色"的原则，缩减规模大、就业难的专业，改造优势不明显、特色不鲜明的专业，撤销师资力量弱、教学条件差、学生和用人单位评价低的专业。优先发展学术实力强、国际合作办学、学科交叉融合的优势专业。专业调整后，学校本科专业由131个缩减到104个，专业结构初步实现从"以量谋大"到"以质图强"的转变。坚持特色导向，分类分层布局本科专业。按照"对标国际、引领全国"定位，加强国家级一流本科专业建设；按照"体现区域特色、引领区域发展"定位，加强省级一流专业建设。坚持创新导向，积极推进新文科、新工科和新医科建设。在新工科建设中布局网络空间安全、飞行器控制与信息工程、人工智能、城市地下空间工程等新兴专业，在新文科建设中布局网络与新媒体、国际政治、波兰语等急需专业，在新医科建设中布局口腔数字化技术双学士学位、法医学与法学双学士学位，构建学科交叉特色明显的本科专业体系。

（二）南京大学本科教学改革

南京大学把推进本科教学改革作为深化学习实践活动的重要突破口，围绕"培养什么人、怎样培养人、为谁培养人"这一根本问题，转变人才培养观念，改革人才培养方案，加快推进新一轮本科教学改革，取得了实实在在的效果。

1. 解放思想，转变人才培养观念

南京大学在学习实践活动中，坚持把转变人才培养观念作为本科教学改革的先导，通过深度访谈知名学者、开辟"师生谏言通道"、打造思想讨论阵地、实地走访院系等形式，深入开展解放思想讨论，深刻分析学校在人才培养工作中积累的经验和存在的不足，在借鉴国内外高校成功办学经验的基础上，研究并提出了一系列推进教育教学改革创新的思路和举措。为顺应新形势下国家对研究型大学的新要求，南京大学进一步地明确了"为社会各行各业培养未来领军人物和拔尖创新人才"的培养目标，进一步地厘清了"学科建设与本科教学融通、通识教育与个性化培养融通、拓宽基础与强化实践融通、学会学习与学会做人融通"的"四个融通"人才培养理念，全面提升本科人才培养工作的定位，为加快推进新一轮本科教学改革奠定了坚实的基础。

2. 推动学生个性化成长，改革人才培养方案

南京大学把改革人才培养方案作为探索"培养什么人、怎样培养人、为谁培养人"的具体举措，围绕"适宜学生发展的，才是值得大学追求的"这一宗旨，重构本科教育课程体系、更新教学内容，探索通识教育与个性化培养融通的多元人才培养新模式。新的人才培养方案包含"大类培养、专业培养、多元培养"三个培养阶段（"三三制"），以及"学术专业类、交叉复合类、就业创业类"三条个性化发展路径，强调在培养过程中给予学生更多选择权利和自主学习空间，培养学生更强的思考能力和竞争能力，从总体上说，新的人才培养方案具备四个鲜明特点：一是在本科前两年进行不分专业的大类培养，后两年由学生根据学习基础和专业兴趣自主选择专业；二是开放各专业所有课程资源，为学生在本专业之外自主选修课程提供完整菜单；三是增加教学计划的弹性，使学生在多元培养阶段获得更大的空间和自由，以选择不同的个性化发展路径；四是注重立德树人，从一年级起即为学生提供学习生涯规划引导，在高年级丰富就业创业训练活动，完善全过程人才培养体系。

3.建设高水平课程体系，推进教学方法革新

在学习实践活动中，南京大学着力推进教学方法革新，建设高水平课程体系，努力提升学生的自主学习和创新能力。南京大学大力推动以院士、教学名师和国家杰出青年基金获得者为代表的优秀教师群体投身本科一线教学，先后推出了由知名教授领衔主讲的100余门新生研讨课程和高水平通识教育课程，将学校的科研优势真正转化为教学优势。新生研讨课程体现小班教学的特点，重在开阔学生知识视野，引导新生较快进入大学学习氛围，使学生在合作性的环境中边探索边学习。通识教育课程通过重组教学内容，融合多元文化背景和不同专业知识，对学生进行综合塑造，全面提升学生的综合素质，促进学生形成健全、完整的人格。

4.构建长效机制，推动人才培养工作可持续发展

为确保新一轮本科教学改革成果落到实处，推动人才培养工作全面协调可持续发展，南京大学构建了以本科生个性化成长保障机制、教学动力机制和教学管理服务保障机制为主体内容的长效机制体系。一是建立本科生个性化成长保障机制，成立教学改革工作领导小组和专家组，编写全新的《本科新生学习指导手册》，制定"学生评教、同行专家评议、学校和院（系）评审"的"三元评教制度"，搭建"院系教学考核、教师教学考核、学生培养效果考核"的"三层次教学质量保障体系"。二是健全教学动力机制，颁布《南京大学青年教师本科教学培训条例》，加大教学考评结果在职称晋升和分级中的参考值，增加教学委员会在人事考核中的决定权，适当设置以教学为主的教授岗位，实施教学奖励制度。三是完善教学管理服务保障机制，逐步实施学分制收费制度，建立人才培养分流机制和本科生学习引导机制，提供高效的教学改革管理服务。

（三）武汉大学本科教学改革

武汉大学坚持"以本为本"，坚持把本科生教育放在人才培养的核心地位，把最好的教学资源配置在本科教育，把最优秀的教师队伍用在本科教育，着力培养一流本科人才。

1. 创新人才培养模式

深化大类招生培养改革，以学院为单位进行大类招生，学生经过1～2年的大类培养后，再进行专业分流。全面修订本科人才培养方案，引导各院（系）打破学科壁垒，鼓励学生跨学院选修课程。加强通识教育，促进通识教育与专业教育相融合，将2门基础通识课程设为全校学生必修课。优化专业课程设计，加强8门大类平台课程建设，实现专业选修课程院内打通。深化创新创业教育改革，将创新创业与实践教育有机融合。加强"弘毅学堂"人才培养实验基地建设，深化拔尖创新人才培养模式改革，坚持"导师制、书院制、小班化、个性化、国际化"，选聘学科责任教授、学术导师和班级学业导师对学生进行精准指导，采取启发式、讨论式等研究性教学方法促进学生探究性学习，设立专项奖学金支持学生出国交流与科研训练。

2. 推进课程教学改革

深化通识课程教学改革，组织开展"武大通识3.0"课程遴选、通识教育大讲堂、通识教育研讨会等，拓展学生视野，增加学生知识的广度与深度。面向全校本科新生开设"人文社科经典导引""自然科学经典导引"两门通识必修课程，除主讲教师外，中青年教师和部分研究生担任小班研讨助教，引导学生兼备人文情怀与科学素养。改进教学方式方法，推行"大班授课、小班研讨"、翻转课堂、学案导学、任务型教学等教学组织形式，提高课堂效率和学生参与度，培养学生独立思考能力。提倡专业课程采用30人以下的小班化课堂授课，讨论式授课约占总学时的三分之一。遴选300余名品学兼优的研究生在课堂教学活动中担任助教，提高课堂教学活力。实施"三学期制"改革，集中安排时间进行实习实训和创新创业实践，引进海外高水平师资开设国际化课程，要求所有学生在本科期间必须至少参加一次三学期教学活动，强化实习实践能力，加强复合交叉培养。

3. 激励教师潜心教学

设立本科教学三类"责任教授岗"，让优秀教师在不同岗位有所作为。通识教育"责任教授岗"负责研讨海内外通识教育的理论和实践问题，组织培训与交流，推广通识课程先进建设经验和优秀研究成果；弘毅学堂"责任教授岗"主持弘毅学堂日常工作，负责学堂发展规划、书院制建设、本科教学、对外交流、科研训练等各项工作；创业学院"责任教授岗"负责指导创新创业教育通识课程的建设与升级，创建全覆盖、多层次的创新创业教育体系，建设"双创"实践活动平台。加强教师教学技能培训，举办讲座、教师工作坊等，搭建广大教师特别是青年教师群体教学发展交流平台。举办青年教师教学竞赛，设立教师教学发展专题研究项目。完善评价晋升制度，强调职称晋升中的教学要求，健全以教学为主型教师的职称聘任办法，单设聘任指标，鼓励教师投入教学。设立"351人才"教学岗位，开展"杰出教学贡献校长奖"和本科教学业绩奖评选，制定教学单位教授上课率考核办法，纳入考核评价体系。推行优课优酬计划，充分发挥教学课酬的杠杆作用。

4. 构建质量保障机制

组织全校开展"本科教育改革大讨论"，凝聚"人才培养为本，本科教育是根"的共识，出台《关于深化本科教育改革的若干意见》《关于构建以学生发展为中心的教育教学服务体系的实施意见》等文件，在师资力量、资源配置、经费安排等方面，着力体现以人才培养为中心。加强课堂教学质量监控，发挥好"督"和"导"的作用，校领导带队深入课堂，坚持常规教学检查、干部教师听课和学生评教工作。开展督导专家"师生接待日"活动，建设督导网站，充分发挥督导团的教学督导和信息反馈作用。组织教育科学研究院对公共基础课授课质量开展评估分析，邀请校外专家对通识课程授课质量进行诊断和评估。

（四）华东师范大学本科教学改革

华东师范大学创新人才培养机制，深化教育内容和培养机制改革，着力打造优质本科教育。围绕落实立德树人根本任务，加强统筹谋划，充分开发利用校内外资源，发挥学校发展建设优势，实施特色鲜明的优秀本科人才培养计划，扎实推进本科教育改革，提升本科教育质量。

1. 实施本科教育精品战略

深化"卓越教师"培养计划，创建"4+N+2.5"的本硕一体化培养模式（"4"为本科阶段，"N"为毕业后入职阶段，"2.5"为攻读教育硕士学位阶段）。构建由教育与心理基础类、教育研究与拓展类、教育实践与技能类和学科教育类等课程组成的教师教育课程群，依托孟宪承书院建设，打造师范生职业养成平台。实施国（境）内外交流合作培养计划，积极推行学校

"跨国（境）跨校联合培养"。建设国家级、市级精品课程，着力打造国家双语教学示范课程。

2. 深化人才培养模式改革

积极为学生提供辅修专业学习、跨国（境）跨校交流、学术研究体验、拔尖创新人才计划等多项选择，构建与高水平研究型大学相适应的人才培养模式。持续推进"大类招生、分层培养、多种学习途径"的人才培养模式改革。在金融、统计等领域推进"大类招生、分层培养"改革试点，在生物、艺术等领域践行"一专多方向"培养模式，完善"主修+辅修"并探索"适时分流、分段培养"模式，在言语听觉康复专业领域积极论证"医教结合"模式的可行性，进一步地完善开放式、双向选择的转专业机制，实行自由灵活的选课制。社会学类、经济学类等15个学科按照大类招生，在深化通识教育改革的基础上，推进宽口径专业培养。在学生大学生涯的前段按照大类实施通识与学科基础教育，后段实行宽口径专业教育。生命科学学院、设计学院等院系推进一专多方向的培养模式，精心设计适合具体专业方向的厚基础、精专业的培养方案。

3. 开展学术研究培训计划

积极为本科生提供参与学术研究的机会，使学术研究成为本科教育中不可缺少的重要环节。确立"基于课程的实践指导、项目驱动的研究体验和依托论坛的成果展示"的本科生科研训练实践模式，搭建国家、市、校三级大学生科研训练体系。

4. 构建多元文化体验平台

目前，华东师范大学已与美国、加拿大、英国、德国、法国、澳大利亚、新西兰、日本等国家和中国香港、澳门、台湾的300余所大学建立了校际合作。学校积极推进国内培养与国际交流衔接互通、开放多元的国际化人才培养体系建设，大力推动本科生跨国（境）跨校交流，以"国家项目、校级项目、院系项目和学生个人访学项目"为架构，为学生搭建了学期学年课程修读、双学位联合培养、寒暑期学校、科研实习、专业实习实践等多渠道、多层次、多类型的国际化人才培养平台。通过设立本科生境外交流资助，开设本科生跨国（境）跨校交流网站，加强制度建设，完善出境交流管理、学分认定政策、学生派出遴选与指导机制等，为学生参与高层次境外交流学习、高质量跨文化学术科研训练提供了更多机会。

5. 推进课程开放共享和学生完全自主选课

发挥学校学科综合优势，推进课程开放共享，学生可跨年级、跨专业、跨院系选修自己感兴趣的课程，实现学生完全自主选课，满足个性化学习需要。2022—2023学年，本科生开课门数3939，总门次7215。本科应届毕业生实践环节学分占总学分的比例为20.78%，选修课学分占总学分的比例为21.69%。

6. 推动管理制度改革

完善转专业机制。制定《华东师范大学本科生转专业管理办法》，建立规范的以兴趣和解决困难为导向的转专业制度和工作流程。2023年，校内共有433名学生转专业成功。其中，非师范类专业的学生有310人，师范类专业的学生有123人。

制定《华东师范大学暑期短学期管理办法（试行）》，实施本科暑期短学期制度。暑期短学期教学活动除暑期课程以外，还为学生提供丰富的暑期海外学校、夏令营交流项目、海外专业实习项目等学习实践和海外交流机会，深受学生欢迎。

7. 借力"三大资源"，拓展育人渠道

一是深挖校内资源。优先保障教学经费投入，逐步完善教学、科研、文化等各类基础设施，新建一批沉浸式教室、智慧教室。成立本科教学质量评估办公室，推动各学部、院系在完善教育教学制度、规范教学档案、拓宽育人途径、优化教风学风等方面持续加强教育教学改革。出台本科人才培养绩效奖励分配方案，推进激励机制改革，鼓励更多高层次人才投入本科教学。二是广聚国内资源。与上海、江西、甘肃、云南等地在合作办学、教育科研成果推广、教师培训等方面开展深度合作；与地方政府共建本科生教育实习基地。与上海交通大学、中山大学、吉林大学等国内十余所高校互派本科交换生，进行合作培养；与百余家企业签订合作协议，开展合作办学与合作育人，建立多个本科生实习基地。三是拓展海外资源。先后与美国纽约大学合作创办上海纽约大学，与法国里昂商学院共建亚欧商学院，与以色列海法大学共建转化科学与技术联合研究院，探索多层面的中外合作办学渠道。打造优势资源共享的国际教育园区，已有多家世界知名高校和机构入园设立海外校区、海外教学中心，每年吸引超过1000名国际学生到校学习。设立多类型的境外研修项目。

8. 发挥"四大优势",激活育人动能

一是发挥思政课程、课程思政建设优势。以全国重点马克思主义学院建设为契机,以精品课程建设为抓手,提升思想政治理论课教学质量,"思想道德修养与法律基础"等四门思想政治理论课相继入选国家或上海市精品课程。实施课程思政教育教学改革,院士、教学名师等率先参与。二是发挥双创教育改革优势。实施创新创业教育改革计划,建立覆盖全校的创新创业领导和工作协调机构,筹建创新创业学院。修订人才培养方案,在本科生培养方案中增设创新创业教育通识课程模块,修订学籍管理制度,将创新理念渗透到所有学科专业的教育教学中。加强创新创业课程建设,已有多门创新创业课程向本科生开放,出版了多本创新创业专门教材。推进资产运营公司转型发展,搭建平台助力师生组建团队将科研成果转化应用。三是发挥"智慧校园"建设优势。建成"大夏学堂"数字化在线教学辅助平台。建设学生成长档案系统,对校园数据开展深入挖掘和分析研究,为育人工作决策和精细化、个性化服务提供科学依据。完善学生工作信息化平台,整合并动态更新学生基本信息、学业信息、参与科创实践和各类团学活动信息,建设基于统一数据标准和规范的学生成长档案系统。四是发挥底蕴丰厚的文化优势。每年投入大量文化建设基金,采取招标与自主申报相结合的方式确定支持培育项目,形成主题宣传教育活动类、大学精神与文脉传承类等多领域多类型的文化育人品牌。编纂出版《丽娃记忆》《大夏文萃》《师魂》等系列校史图书,开设"校史文化解读"通识选修课,构建"权威讲座—系统课程—专题座谈"校史育人联动模式。

9. 实施"五大计划",增强育人活力

一是实施卓越教师培养计划。通过优化课程、建立实习基地、选聘基础教育名师担任兼职导师,实施"影子校长计划"等,推动培养方式创新。选派优秀师范生赴世界一流教育学院研修。二是实施理科精英人才培养计划。与中国科学院相关院所联合举办基础理科"菁英班",共同确定课程体系与培养方案,组建专门导师组和专家团队,建立课程资源共享机制,促进科教结合、协同育人。三是实施基础学科精英人才计划。依托地理学、数学、心理学、物理学、中国语言文学、历史学等六个基地,探索基础文理学科精英人才培养模式。中文系基地班通过读书会、报告会、论文指导等夯实学生人文素养和科研基础。四是实施拔尖创新人才培养计划。采取个性化培养方

案、优先选课制、提供出国访学机会、高水平知名教授指导、参与完整的科研训练、参加导师课题组研讨、外籍教授授课等办法，组织拔尖人才培养并动态调整。五是实施个性化人才培养计划。鼓励本科生根据学习兴趣、研究方向、个人发展进行合理规划。学校对学习成绩优异、在学术研究上有浓厚兴趣或已取得一定成果的学生，予以重点支持。

（五）兰州大学本科教学改革

1. 实施"本科教学质量提升工程"（简称"3468"工程）

重点培养学术型、应用型、复合型3种类型人才，提升学生创新能力、实践能力、自主学习能力和就业创业能力4种能力，实施"生源质量提升计划""基础学科拔尖学生培养试验计划""本科生综合素质提升计划""实践教学质量提升计划""隆基教育教学奖励计划""青年教师教学水平提升计划"6项计划，大力加强师资队伍建设、专业建设、课程建设、教材建设、实践平台建设、教学信息化平台建设、质量保障体系建设和国际化教育平台建设8项建设。

2. 修订本科人才培养方案

学校明确了本科人才的培养目标是："培养具有优良的思想品德、健全的人格、扎实的专业理论知识、富有创新精神、实践能力、兼具宽广的国际视野与浓郁本土情怀的学术型、应用型和复合型精英人才。"各学院据此进一步凝练专业特色，优化课程体系，在低年级开设"兰大导读"课程培养学生科研兴趣，在各专业开设辅修第二专业和双学位，并设置科研创新学分和思想政治理论课实践学分，改革考试评价方式，加强学业综合评价等。

3. 强化教学质量保障体系建设

成立学生注册中心，强化学生学籍信息的信息化、规范化和精确化管理；成立教师教学发展中心，强化教学研讨和经验交流，为教师提供相关咨询和服务，提高教师教学水平；制定并实施了针对教学管理、教学研究、教师评价、招生奖励等过程的一系列教学质量保障措施；制定并发布《兰州大学学院本科教学工作状态评估指标体系》，开展学院本科教学工作状态评估，对本科教学成绩突出和质量明显提升的学院，以及教学业绩突出的教师予以奖励；各学院自2013年起，每年发布本科教学质量报告，自觉接受全校师生和社会的监督。

4. 启动本科专业"主干基础课程教学团队"建设

2014年启动本科专业"主干基础课程教学团队"建设。建设内容包括教学改革、制度建设、课程建设、教材建设、教学研究、教学成果培育、国际视野拓展、教学梯队建设等方面，并计划在未来五年内完成所有本科专业"主干基础课程教学团队"建设。学校将通过开展多种形式的教学研讨和经验交流，推进教学工作的传帮带和老中青教师相结合；通过强化师资队伍的团队合作和共同成长，促进教师教学发展；通过本科教学基层组织建设，搭建教师事业发展的平台；通过深化本科教学综合改革，最终建设一批国内一流的教学团队。

5. 强化课堂教学，夯实"双创"课程基础

对照产业需求和行业发展，修订人才培养方案、更新课程体系，在本科人才培养方案中，设立2个创新创业必修学分，将"双创"项目、"双创"大赛成果纳入课程考核范围。在专业学位研究生示范性课程建设中，将"学科交叉与创新"作为重要指标，扩大实践类课程比例，调整部分实践类课程教学计划，提升课堂教学质量，强化研究生实践能力培养。建设一批创新创业精品课程，开设"创新创业教育""艺术美学与创意设计""创新创业管理"等33门线下必修课程，引入"设计创意生活""创造性思维与创新方法"等创新创业网络共享课程，重点培育建设"数字化口腔医学与创新创业""音乐表演创新创业实务"等10门"专创融合"特色示范课程，其中，"漫话创业"课程入选省级创新创业教育慕课项目。注重提升教师创新创业教育能力，鼓励教师开展创新创业教学改革研究。

6. 深化综合改革，激发内生活力

对标"双一流"建设目标，向目标要担当、向改革要动力，进一步解放思想、深化综合改革。修订《兰州大学章程》，健全以学术委员会为核心的学术管理体系与组织架构。筹备成立学校理事会，积极构建社会参与机制。在部分学院先行先试治理结构改革，推动"校办院"向"院办校"转变，分类分步向学院下放副高级及以下专业技术职务晋升标准制定、教师考核等自主权。推进分类考核评价制度改革、教职工绩效考核改革、人才培养能力提升改革等，由学校制定绩效工资分配的总原则和管理制度，赋予学院绩效奖励自主分配权。在科研创新团队建设上，实行首席科学家制度，赋予首席专家更大的人财物支配权、技术路线决策权、团队成员考核权，释放科研创新

活力。改革资源配置模式，加大整合力度，对不同发展基础和前景的学科实施差别化配置政策，解决"双一流"建设资源条块分割、多头管理、重复投入等问题。

7. 建强科研平台，服务国家战略

围绕"一带一路"、生态文明建设、乡村振兴等国家战略，培育"大平台、大项目、大交叉、大成果"，组建重大项目科研团队，推动科研创新工作精准化、精细化。成立"一带一路"研究中心，围绕国别和区域研究、区域经济联动发展与企业创新、敦煌丝路文明与跨国民族社会等开展研究。成立祁连山研究院，完善祁连山生态环境监测网络数据平台，开展祁连山国家公园甘肃片区规划方案论证等。成立泛第三极生态环境与气候变化前沿科学中心，系统开展泛第三极地区水分循环、水资源安全和生态系统稳定性研究。成立生态学创新研究院，开展分子生态学、理论生态学研究，为干旱高寒区生态修复提供科学依据和参考。开展引力波研究，在数据预处理、系统模拟、噪声分析和弱力测量方面形成一系列高质量报告和实验数据。成立县域经济研究院、乡村振兴战略研究院，充分发挥智力资源优势，在甘肃省14个地州市55个县区开展县域经济发展专项调研和规划编制，全力支撑精准脱贫、乡村振兴等重大战略部署在甘肃当地贯彻实施。

8. 推进"三全育人"，全力服务学生成长成才

兰州大学深入学习贯彻习近平总书记关于教育的重要论述，围绕"培养什么人、怎样培养人、为谁培养人"这一根本问题，坚持把立德树人作为中心环节，把思想政治工作贯穿教育教学全过程，多措并举推进全员、全过程、全方位育人落地见效，努力培养德智体美劳全面发展的社会主义建设者和接班人。

以理想信念教育为主线，深入推进习近平新时代中国特色社会主义思想"进学术、进教案、进课件、进课堂、进头脑、进教材"。学校党委书记、校长为新生讲授"开学第一课""毕业最后一课"，校领导、院长、学科带头人带头讲党课、上思政课，引领带动全校教师积极开展思政课程建设。加强专职辅导员队伍建设，实行多层次选拔、多元化培养、多平台锻炼和多维度发展。制定"走进学生生活、走进学生学习、走进学生心灵"行动实施方案。

建设学生奖助中心，构建"奖+榜样、助+感恩、贷+诚信、捐+社会责任感"的"四+"资助育人模式，全力推进资助育人工作。建设就业创业中心，加强校地人才合作，通过举办双选会、专场招聘会、实习招聘会等方式，大力拓展就业资源；通过职业规划课程、"职慧"训练班、职眼世界、就业困难学生帮扶等方式提升学生就业能力；构建"学生—教师—学院—学校"四位一体联动的创新创业激励机制，营造敢为人先、敢闯会创的积极氛围。建设心理咨询中心，构建"学校—学院—班级—宿舍"四级危机干预防控体系，及时、有效干预帮扶重点学生，通过课程教学推动心理健康教育工作，实现"大学生心理健康"课程全覆盖。建设易班发展中心，统筹网络思政工作，建设和优化"智慧学工"系统，创新教育内容、形式，旗帜鲜明弘扬主旋律，让网络思政教育活起来、潮起来、强起来、智起来。

第四章 本科教学政策的价值选择

一、本科教学政策的内在逻辑

对于教育政策的分析研究有许多不同的范式和方法，一般来讲，可以分为四种不同取向的分析模式，即发生学取向分析模式、过程取向分析模式、目的取向分析模式和政策话语分析模式。为了更好地把握高等教育教学政策的变迁的内在逻辑，重点运用发生学取向分析模式对本科教学政策进行分析。

（一）教学改革的主体由政府转向高校自身

在高校教学改革过程中，任何教学改革决策都存在一个决策的主体。在不同体制下，决策的主体也不同。计划体制下决策的主体是政府以及高校主管部门。市场经济体制下决策的主体是高校自身。随着我国高等教育体制改革，教学改革决策的主体由政府逐渐向高校自身转变，是我国改革开放以来高校教学改革的基本特征之一。因为人才培养是高校的基本职能。教育体制的变革归根结底是要为高校人才培养创造良好的制度环境。

20世纪90年代中后期，我国高等教育界形成了"教育思想观念变革是先导，教育体制变革是关键，教学改革是核心"的高等教育改革思路。可以说，改革开放以来我国高校教学改革政策的有效推进是与高校自主性的增强联系在一起的。因为高校自身最清楚教学工作以及人才培养质量存在的问题，并有能力做出改进。高校在做教学改革决策时能预测未来，以社会需求为导向，以培养人才的社会适应性为目标，所以高校教学改革决策在大多数情况下能与社会发展对人才培养的实际需求相一致；高校对社会需求的预测越准确，教学资源配置越合理，教学改革的成效越明显。而政府决策时主要考虑的是社会效益和人才培养的共性问题，很少考虑政策执行成本以及高校的具体情况，从而导致政策执行效果大打折扣。

事实上，我们现在仍处于政府决策与高校决策并存的阶段，政府仍然在很大程度上掌控着教学改革进程和教学改革的项目与资源，高校作为教学改革主体的积极性没有得到充分发挥。在实践中，如果能给予高校更多的教学自由，使教学改革决策的主体能真正从政府转向高校自身，那么教学改革的效率就会进一步提高。

每一项政策的形成与制定都会涉及不同利益相关者之间的权力博弈，在高等教育教学政策中，主要表现为高校自主权的变化，高校自主权的增加也体现了我国推进高校治理体系现代化的内在需求。20世纪70年代末以来，随着经济社会的快速发展，人民群众对高校教学质量保障表现出更深层次的需求，把教学改革自主权真正地还给高校、还给师生成为我国高等教育教学改革的主要动力。

1. 教学改革初期（1978年至21世纪初）

随着计划经济向市场经济的转轨，为改变我国高校教学管理体制中集权过重等弊端，国家在高等教育教学政策中初步释放出有关教学制度的制定权向高校下放的信息。如1985年，《中共中央关于教育体制改革的决定》中强调："要扩大高等学校的办学自主权。在执行国家的政策、法令、计划的前提下，高等学校有权在计划外接受委托培养学生和招收自费生；有权调整专业的服务方向，制订教学计划和教学大纲，编写和选用教材；有权接受委托或与外单位合作，进行科学研究和技术开发，建立教学、科研、生产联合体；有权提名任免副校长和任免其他各级干部；有权具体安排国家拨发的基建投资和经费；有权利用自筹资金，开展国际的教育和学术交流，等等。"在一定程度上，高校自主权的增加扭转了过去教学计划过于僵化的局面，为我国多样化与个性化的人才培养提供了制度性保障。

2. 教学振兴与质量提升时期（21世纪初至今）

为使我国高等教育适应社会经济的变化与发展，充分发挥市场机制在高等教育教学改革中的作用，国家明确提出要改革高等教育管理体制，转变政府职能以及简政放权的要求。如2015年5月教育部出台了《关于深入推进教育管办评分离 促进政府职能转变的若干意见》，重点强调要"坚持放管结合"，"推进管办评分离，构建政府、学校、社会之间新型关系，是全面深化教育领域综合改革的重要内容，是全面推进依法治教的必然要求"。由此我国逐步形成了在国务院领导下，分级管理、社会参与的高等教育教学管理体制，充分体现了我国高校现阶段以市场需求为导向，多方利益主体共存的运行机制。

（二）教学改革的推动力由政府推动逐渐转向高校之间的竞争

在传统计划经济下，高等教育发展战略是国家制定的，政府根据国家经济发展战略统一调配高等教育资源。改革开放以来，我国高等教育改革的主要动力来自通过高等教育体制改革所引入的高校之间的竞争机制。这是20世纪80年代以来高等教育体制变革、赋予高校办学自主权所带来的成果。办学自主权从1979年开始小心"呼吁"，1985年在《中共中央关于教育体制改革的决定》中得到承认，在《中华人民共和国高等教育法》实施后得以完全制度化。高校办学自主权的实现实际上相当于对政府统一管理的高等教育进行了资源、权力上的划分；每所高校都成为面向社会办学的法人"实体"，哪所高校发展快，哪所高校就可以得到更多的权益；哪所高校教学改革以及人才培养的成效突出，哪所高校就能在竞争中脱颖而出。在这种体制下，提高人才培养质量成为高校教学改革的主要动力。

高校之间的竞争推动了教学资源的优化配置以及教学改革的自主化进程。尽管政府也许会不时地运用行政手段来控制高校，但利益驱动机制促使高校率先进行教学改革的探索，或采用与政府讨价还价的方式获取某些教学资源。但不可否认，高校的"自主"发展以及讨价还价的过程加大了政府集中控制的难度，例如，20世纪90年代中后期，不少高校不顾可能与可行与否，盲目撤"系"设"院"，盲目增设新专业，盲目扩大招生规模，争相开办实验班，等等，使高等教育领域一度出现混乱和难以自制的现象，表面上轰轰烈烈的教学改革实际上是缺乏制度规约的表现。直到今天，我们仍然可以看到，不少高校忙于"教学改革"，政府仍然热衷于集中控制和项目化管理。尽管高校教学改革的表面性、功利性行为经常受到批评，但我们在讨论高校教学改革成就的时候，决不能忽视高校之间竞争机制对推动教学改革的重要作用。

当然，如何从高校之间的竞争转向学科专业之间的竞争，让教学资源配置的决策由学科专家做出，是今后教学管理改革探讨的重要课题。

（三）政府对高校教学活动由计划控制转向宏观调控

在计划经济体制下，政府对高校教学活动实行统一管理、统一质量标准，对于教学资源如何配置完全是根据政府的"合理想象"和"社会需要"。比如，在改革开放之前，高校主要围绕"重工业"设置专业，结果造成轻工业人才以及文科应用型人才短缺。在市场经济中，高度集中的教学管理体制越来越难以适应人才多元化的实际需求。

改革开放以后，人才市场需求是调节人才培养的信号，也是高校做出教学改革选择的引导机制；有了人才需求的市场机制，需求诱发供给，什么样的人才受到人才市场欢迎，高校就做出培养相应人才的教学改革抉择。事实证明，用市场信号引导高校教学资源配置，远比政府行政计划更有利于教学改革的推进和人才培养质量的提高。

市场机制是通过政府的宏观规制逐步引入的，这是我国高校教学改革的一个重要特点。随着我国高等教育体制改革的深入，政府部门逐渐减少直接插手高校具体教学活动管理的行为，而是通过资金投入、政策、评估、信息等手段引导并规范高校教学改革。例如，"十一五"期间，中央财政安排25亿元的专项资金支持"质量工程"，目的是对本科高等教育系统教学改革起到激励和辐射作用；2003年开始的首轮本科教学工作水平评估是政府依法行政和转变职能的重要标志，实践证明，教学评估对于强化教学工作的中心地位、加大教学投入、规范教学管理、提高教学质量起到了积极的促进作用。2007年教育部开始建立高校教学状态发布以及专业设置预测数据库系统。可以说，宏观规制保证了高校教学活动从计划管理到市场调节的平稳过渡，避免了高等教育大发展时期出现严重失序以及质量滑坡现象，从而保证了高校发展与教学改革并行不悖。当前，特色发展、质量发展已成为高校教学改革的基本趋势，而在这一过程中政府如何进一步科学规范高校教学活动，达到政府规制与市场调节机制的平衡，仍然是今后改革的重点。

政策实施保障主要指的是政策的执行过程是否能够得以顺利实施的保障机制。我国高校教育教学政策之所以能够顺利推进与实施，主要归功于建立了良好的制度保障和经费保障。

1.建立和完善相关制度和工作体系

任何政策的发展与完善都需要强有力的制度保障，高等教育教学政策也不例外，良好的制度体制不仅保障了高校教学活动的正常运行，也为解决教学工作中可能产生的各种问题提供了参照方案。在我国高等教育教学政策实施进程中，无论是学分制的试行与推广，抑或是教材建设的改革等，均基于以点带面、逐步深化的工作体系。教育部会同其他部门成立的各领导小组以及学校、中央和地方三级立项建设的体系等，有力地支撑着我国高校教育教学政策的顺利运行。与此同时，一大批优秀的专家学者为政策制定提供的意见建议也成为确保政策体系持续推进的重要指标。

2. 建立比较完备的经费保障体制

经济是建设的基础，合理而有力的经费保障在任何政策实施中都占据着举足轻重的地位。完备的经费保障机制在我国高等教育政策的实施与运行中同样不可或缺。如为了保障与提升高校教学质量，2007年，财政部、教育部联合制定的《高等学校本科教学质量和教学改革工程专项资金管理办法》规定，"财政部会同教育部可根据需要组织专家或委托中介机构对专项资金的使用和管理进行专项财务检查或中期评估等"。随着本科教学评估的推进，高等学校的内部经费分配也开始向教学倾斜。在政策引领下，各级地方政府以及社会各界人士在教学经费保障方面也提供了不可或缺的重要力量，在高等教育教学改革进程中，逐步形成多元化的经费筹措保障机制。

（四）高校办学由封闭转向开放

在计划经济体制下，政府是横亘在高校与社会之间的"隔离墙"，高校与社会之间的联系是隔断的，政府对高校从招生、专业设置、培养计划制定到毕业分配都实施自上而下的集权式管理，高校只是在完成政府规定的人才培养任务。自20世纪80年代启动的高等教育体制改革，扩宽了高校与外界联系的渠道，使高校得以根据自身的实际情况面向社会依法自主办学，并通过不断发挥自己的比较优势积累办学特色。纵观我国高等教育改革30年历程，高校教学改革具有明显的外部驱动性特征：经济的发展变化对教学改革提出了新的要求，为了适应这种变化的经济形势，高校教学需要做出相应的变革。

实际上，高校开放办学最重要的意义在于引入竞争制度，促进了高校教学管理制度的创新。在封闭的环境中，没有比较，没有竞争，高校以及教师教学改革缺乏动力，学生学习没有压力，低效率的教学管理体制可以长期存在。在开放的环境中，高校可以时刻感受到社会以及人才市场带来的压力，人才培养质量与效率成为检验体制优劣和教学改革成功与否的唯一标准。同时，开放办学促进了教学管理主体的多元化。当前，政府、高校、用人单位、第三部门、学生及其家长都已经成为高校教学质量的"利益相关者"，高校人才培养模式改革、质量保障体系建设、教学资源整合以及高等教育评估改革等，离不开这些利益相关者之间的有效协调和配合。所以说，开放办学是推动教学改革、整合教学资源的重要因素；没有开放办学，就不会有今天的高等教育发展以及教学改革成果。

二、本科教学政策演进中的价值选择

（一）把"培养人"作为高校的根本任务

"四个回归"是指回归常识、回归本分、回归初心和回归梦想。回归常识，就是学生要刻苦读书学习；回归本分，就是教师要潜心教书育人；回归初心，就是高校要倾心培养社会主义建设者和接班人；回归梦想，就是高等教育要倾力实现教育报国、教育强国梦。陈宝生在新时代全国高等学校本科教育工作会议上强调："推进'四个回归'，就是要回归大学的本质职能，把'培养人'作为根本任务……高校的办学目标、教学、科研和各类资源聚焦到这个根本上。"①陈宝生指出，高教大计、本科为本，本科不牢、地动山摇。人才培养是大学的本质职能，本科教育是大学的根和本，在高等教育中是具有战略地位的教育、是纲举目张的教育。高等教育战线要树立"不抓本科教育的高校不是合格的高校""不重视本科教育的校长不是合格的校长""不参与本科教育的教授不是合格的教授"的理念，坚持"以本为本"，把本科教育放在人才培养的核心地位、教育教学的基础地位、新时代教育发展的前沿地位。

"四个回归"是对高等教育发展基本规律和基本逻辑的通俗表达，有利于高校聚心聚力到人才培养这个根本上来，为国家培养出所需要的专门人才。国家从政策层面提出了"四个回归"的基本要求，不仅回答了学生、教师、高校和高等教育要做什么的理论问题，而且提出了我国本科教育问题解决的行动指南，以"质朴的语言点醒了身处改革发展浪潮之中的中国高校，及时为我国高等教育的发展敲响了警钟"，为新时期高校的教育教学改革与发展指明了方向，在我国高等教育推进"双一流"建设的背景下，具有重要的时代意义。

---

① 陈宝生. 坚持以本为本　推进四个回归　建设中国特色、世界水平的一流本科教育：在新时代全国高等学校本科教育工作会议上的讲话［EB/OL］.（2018-07-03）［2023-10-18］. http://fzfg.tit.edu.cn/info/1007/1913.htm.

（二）以人才培养质量提升为基本目标

教学政策目标价值取向随着我国全球化、国际化程度的不断提高以及人才市场的不断完善，社会对人才的需求也越来越多样化，个性化教育教学思想以及创新型人才培养成为新时代的新方向。

1. 多样化、个性化人才培养价值取向（1978年至21世纪初）

在高校教学改革初期，为改变我国原有的统一性、专业化的人才培养模式，我国在高校教学改革中对多样化、个性化的人才培养模式给予了极高的重视。如在专业口径拓宽的基础上，政策鼓励逐步扩大学生充分发展的自由空间，推广实行学分制以及选修制，逐步淘汰刚性的教学管理制度。此外，国外高等教材的引进以及校本化教材的建设亦为我国高校个性化人才培养提供了重要的知识保障。

2. 应用型、创新型人才培养价值取向（21世纪初至今）

鉴于我国过去"重学轻术"的历史倾向，长期以来，知识型人才培养模式在我国高校始终占据着非常重要的地位。然而，随着科技的发展以及产业结构的不断优化与调整，培养创新型、应用型的高素质人才成为我国建设创新型国家的必然要求。鉴于人才培养与教学活动的不可拆分性，许多高校的教育教学理念也发生了由"重知"到"知行合一"的转变。如国家大力倡导"高校实施研究性、学术沙龙式、讨论式的教学模式"，"提倡高校教材建设的创新性与应用型导向"等。

（三）将"教学"放在中心地位

一直以来，党中央、国务院都将教学放在中心地位。即使在高等教育发展的起步期，也坚定不移地主张。"高等学校必须以教学为主"是1961年颁布的"高教六十条"中明确规定的。《中共中央关于教育体制改革的决定》提出："在高等教育体制改革的同时，按照理论联系实际的原则，在辩证唯物主义和历史唯物主义的思想指导下，改革教学内容、教学方法、教学制度，提高教学质量，是一项十分重要而迫切的任务。"1994年发布的《关于加强普通高等学校教学工作的意见》提出："必须进一步强调教学工作作为高等学校经常性中心工作的重要地位。"2016年，习近平总书记在全国高校思想政治工作会议上发表的讲话中指出："办好我国高校，办出世界一流大学，必须牢牢抓住全面提高人才培养能力这个核心点，并以此来带动高校其他工作。"2018年教育部发布的《关于加快建设高水平本科教育 全面提高人才培养能力的意见》进一步地明确为"人才培养中心地位和本科教学基础地位"。

大学的主要功能是教学、科研和服务社会。教学是本职，是不可忽视和替代的，是培养人才、传承文化的主要手段。这是我国本科教学政策的主要价值选择。

（四）注重专业、学科建设

专业建设是本科教学改革的重要内容，也是本科人才培养的重要单元。1985年颁布的《中共中央关于教育体制改革的决定》提出："要扩大高等学校的办学自主权。在执行国家的政策、法令、计划的前提下，高等学校有权在计划外接受委托培养学生和招收自费生；有权调整专业的服务方向，制订教学计划和教学大纲，编写和选用教材；等等。"《国家中长期教育改革和发展规划纲要（2010—2020年）》提出："树立多样化人才观念，尊重个人选择，鼓励个性发展，不拘一格培养人才。"专业建设是本科教学工作的基石，学科建设是本科教学工作的引领。

2015年国务院印发的《统筹推进世界一流大学和一流学科建设总体方案》提出，"总体目标是推动一批高水平大学和学科进入世界一流行列或前列，加快高等教育治理体系和治理能力现代化，提高高等院校人才培养、科学研究、社会服务和文化传承创新的水平"。一流学科建设必然给本科的专业建设带来新的发展方向和契机，助力专业建设避免走向短视的功利性目标，注重长远目标和可持续发展。这也是我国本科教学发展中一次科学合理的选择。

（五）注重课程形式的多样化

课程与教学紧密相关，课程是教学工作的重要内容，也是影响教学质量的关键要素。多样化的课程形式是课程建设的重要任务之一。1994年教育部印发的《关于加强普通高等学校教学工作的意见》提出："有计划地建设优秀（一类）课程是推动课程建设的一种有效形式，在建设过程中要注重实际效果，力戒形式主义。"2000年教育部启动了"新世纪高等教育教学改革工程"，提出要"开发风格多样、内容丰富、全国大部分地区可以共享的网上教育资源；建立较为完善的教学、指导、服务、管理体系；形成一支现代远程教育教学、技术和管理队伍；制定比较完善的现代远程教育政策、法规和管理办法；建立适应信息社会的教学模式，为构建终身教育体系奠定基础"。2006年共评出国家精品课程1125门，全部覆盖了本科的13个一级学科，带动省级精品课程超过5600门和一大批校级精品课程。已在网上发布220门精品课程资源，受到高校师生越来越多的关注和学习。2006年，现代远程教育试点高校开设网络教育课程近2万门，约30%的课程参与校内或校际共享；投入使用的各类网络教育学习资源2万多个，使用超过2000万人次。由此可见，课程形式的改变，可以让更多的人受益，也让本科教学的质量和数量都得到提升。

2018年教育部印发的《关于加快建设高水平本科教育 全面提高人才培养能力的意见》提出："坚持学生中心，全面发展。以促进学生全面发展为中心，既注重'教得好'，更注重'学得好'。"同时提出："推动课堂教学革命。以学生发展为中心，通过教学改革促进学习革命，积极推广小班化教学、混合式教学、翻转课堂，大力推进智慧教室建设，构建线上线下相结合的教学模式。"课程形式的多样化是课程发展的必然趋势，在对教学活动提出挑战的同时，也给教学的发展提供了新的机遇。尤其是精品资源课、开放课等新的课程形式，必然促进教学的发展。

（六）注重实践教学的价值

实践教学一直以来就是高校本科教学改革的关键环节，实践育人是本科教学的关键点。1961年颁布的"高教六十条"中提出："教学中必须正确贯彻理论联系实际的原则。"通过多种实践活动让学生获得知识和实际锻炼。1985年颁发的《中共中央关于教育体制改革的决定》再次强调"增加实践环节"。2001年和2005年教育部出台的《关于加强本科教学工作的若干意见》都将"加强实践教学，注重学生创新精神和实践能力的培养"单独列为重要内容。2012年教育部等部门出台的《关于进一步加强高校实践育人工作的若干意见》提出："进一步加强高校实践育人工作，对于不断增强学生服务国家服务人民的社会责任感、勇于探索的创新精神、善于解决问题的实践能力，具有不可替代的重要作用。"2018年教育部下发的《关于加快建设高水平本科教育 全面提高人才培养能力的意见》提出："加强实践育人平台建设，推进校企协同、科教协同、国际合作等育人模式，完善协同育人机制。"

无论是生产劳动还是军事训练、国际合作等，都是通过实践进行育人的重要手段。可见实践对人成长的价值已经充分被认可。

（七）注重教学质量提升

新中国成立70多年来，我国一直将本科教学质量的提升放在重要地位。很多重要的教育政策中都提及"提高教学质量"的问题。1961年颁布的"高教六十条"回顾了新中国成立12年来我国高等教育的发展变化、存在的缺点及需要着重解决的问题，明确提出"高等学校必须以教学为主，努力提高教学质量"。1994年6月国家教育委员会发布的《关于加强普通高等学校教学工作的意见》强调，要"进一步提高实践教学的比重，大力推动与行业部门、企业共同建设实践教育基地，切实加强实习过程管理，健全合作共赢、开放共享的实践育人机制。"2004年3月国务院批转教育部的《2003—2007年教育振兴行动计划的通知》提出"高等学校教学质量与教学改革工程"。2012年3月制定的《高等教育专题规划》确立了"提高人才培养质量"等11项主要任务和实施"高等教育人才培养质量提高计划"等5个重大项目。2013年2月教育部等部门印发的《中西部高等教育振兴计划（2012—2020）》强调："发挥国家和省两级教改项目的引领示范作用，引导中西部地方高校深化教育教学改革、加强教学基本建设、提高人才培养质量。"2018年8月教育部等部门印发的《关于高等学校加快"双一流"建设的指导意见》明确提出，高校要深化教育教学改革，形成高水平人才培养体系，提高人才培养质量。

（八）逐步重视本科职业教育

根据《2021年全国教育事业发展统计公报》，2021年全国共有高等学校3012所。其中，普通本科学校1238所（含独立学院164所），比上年减少11所；本科层次职业学校32所，比上年增加11所；高职（专科）学校1486所，比上年增加18所；成人高等学校256所，比上年减少9所。由此数据可见，本科层次的职业学校在大比例增加，而普通本科学校在同步缩减，这是一种明显的趋势，同时表明了本科教学政策的趋势。普通本科学校和本科层次职业学校整体的教学目标、教学内容及方法手段都有典型差异。根据表4-1中2019年和2020年教职工人数的对比可以明显看出，高职院校的教职工数和专任教师数都有明显的增长。

表 4-1　2019 年与 2020 年教育部统计数据比较

数据比较	高职学校数/所	高职教职工数/人	高职专任教师数/人
2019 年	1423	699400	514436
2020 年	1468	744478	556424

（九）注重思政课程和课程思政

2019 年发布的《关于深化新时代学校思想政治理论课改革创新的若干意见》提出："思政课是落实立德树人根本任务的关键课程，发挥着不可替代的作用"。同时提出要"深度挖掘高校各学科门类专业课程和中小学语文、历史、地理、体育、艺术等所有课程蕴含的思想政治教育资源，解决好各类课程与思政课相互配合的问题，发挥所有课程育人功能，构建全面覆盖、类型丰富、层次递进、相互支撑的课程体系，使各类课程与思政课同向同行，形成协同效应。建成一批课程思政示范高校，推出一批课程思政示范课程，选树一批课程思政教学名师和团队，建设一批高校课程思政教学研究示范中心。"这既是本科教学政策中的重要决策，也是本科德育工作的重要方向，还是本科教学思路的重大调整。

第五章　本科教学政策反思构建

新世纪以来，教育公共服务水平已成为衡量国家及地方社会发展水平的重要指标，尤其是随着社会公众教育需求不断增加和政府公共服务职能的日益凸显，提升教育公共服务质量已成为政府公共服务的迫切任务。作为教育公共服务的主要供给者，政府承担的责任较大程度决定着教育公共服务供给的方向、数量、质量，影响社会公众的教育资源获得、教育效果及所产生的社会效益。为逐步提高我国教育公共服务供给水平，有效解决当下教育公共服务供给水平与公众教育需求不匹配等问题，有必要对我国教育公共服务供给中的政府责任开展深度研究。

一、本科教学政策执行中的政府责任

（一）多重因素影响下的政府责任

教育公共服务供给中的政府责任决定着政府工作方向、资源分配及所带来的社会效益。同时，教育公共服务供给过程中的政府责任，既受政府职能的限定，又受教育公共服务特殊性及教育公共需求变化的影响。

1. 政府职能限定政府责任

我国正在经历由"管制型政府"向"服务型政府"的全新变革。2005年3月，国务院总理温家宝在第十届全国人民代表大会第三次会议上强调，"加快转变政府职能，努力建设服务型政府"。自此，创建"服务型政府"成为我国政府转型的主导方向，强调由官本位向公民本位回归，由政府本位向社会本位回归，由权力本位向权利本位回归，"服务型"即成为政府职能的主要特征之一。

何谓"服务"，服务型政府的"服务"性如何体现呢？《辞海》（第七版）把"服务"作为政治经济学术语，解释为"劳务"，不以实物形式而以提供活劳动的形式满足他人的某种需要的活动。对于政府来说，政府"服务"的对象是社会公众，政府提供的服务基本包括制度供给服务、公共产品服务、公共政策服务、社会保障服务、公共管理服务等。探究服务型政府的"服务"性，首先要探究服务型政府构建的理论基础。作为构建服务型政府理论基础的公共服务理论，主要是由美国著名公共行政学家罗伯特·B.登哈特提出来的，这一理论强调，公共行政应该以公民为中心进行治理，并秉持一套理念，包括：服务于公民，不是服务于顾客；追求公共利益；重视公民权胜过重视企业家精神；服务而不是掌舵；重视人而不只是重视生产率；等等。从理论基础出发，可以判断政府的"服务"性体现在要改变以政府为中心的教育管理格局，以"一种通过充当公共资源的管家、公共组织的保护者、公民权利和民主对话的促进者以及社区参与的催化剂来为公民服务"。在这种政府职能转型过程中，政府在教育公共服务供给中的责任必然发生巨大改变，要由原来的"管制""掌舵"过渡为"治理""服务"，由原来的过多注重"经济效益"过渡为以公众的利益需求为先。

2. 教育公共服务本质属性决定政府责任

政府提供的公共服务主要包括三个方面：一是为企业、社会提供的经济性公共服务；二是提供最紧迫的社会性公共产品和公共服务；三是政府为社会提供的制度性公共服务。其中"最紧迫的社会性公共产品和公共服务"之一就是教育公共服务。教育公共服务是随着民众对教育民主，尤其是对教育公平、正义的追求逐步增强，日益成为现代社会民众的重要教育诉求。

具体来说，教育公共服务是在教育领域提供的公共服务，即是由法律授权的政府、非营利组织及其他企业单位，在教育的生产和供给中提供的惠及社会公众与满足社会教育共同利益需求的公益性服务。教育公共服务的本质属性决定着政府供给行为中的主要责任。政府供给教育公共服务，本质上供给的是公共产品而非私人产品，具体包括纯公共产品和准公共产品。纯公共产品具有严格意义上的非排他性，主要是指义务教育。学前教育和义务教育后教育不具有严格意义上的非排他性而属于准公共产品。准公共产品和纯公共产品都具有一定的非排他性，这种非排他性决定教育公共服务具有公共性和公平性等本质属性。

"公共性"是由人类命运共同体对公共性的追求决定的。人类命运共同体为了生存和延续，必须遵守一条基本准则是保证公共利益的公有性，即每个人都能公平地获得公共利益。这是人类发展的潜在动力，也是人类命运共同体能够和平共处的前提。教育公共服务作为国家提供给公民的公共利益的一部分，也必须具有公共性。教育公共服务的"公共性"要求教育公共服务作为一种社会公共利益是社会全体成员公有、共享的，应以公平、民主为基本的分配原则。

在"公平性"中，公平不等于平等，公平是"人人得所当得"，而平等是"人人所得相当"。"得所当得"的标准是"合理"；"所得相当"是人人平均，没有差异。平等是公平的重要目标之一，但公平既包括平等，也包括不平等。麦克马洪认为，公平包括三种类型：一是水平公平，指相同者受同样的待遇；二是垂直公平，即不同者受不同的待遇；三是代际公平，指不能将上一代人的不平等状况全部延续下去。基于此，政府在进行公共利益分配时，首先应保证水平公平，即平等，使居于同等需要和同等位置的人获得一致的分配。其次应保证垂直公平，即对于社会成员的不同需要应给予不同的区别对待。最后，应尽量避免分配过程中受到社会成员的家庭背景的影响。公平与效益是分不开的，失去效益的公平不是真正的公平。因此，在进行公共利益分配时，不能简单地考虑公平，而要将公平和效益相结合。在进行公共利益分配过程中，应注重"效益"而非"效率"。效益与公平并不存在矛盾，不需要为实现公平而放弃效益。没有效益的公平不是真正的公平，失去公平性目标的效益也不是真正的效益。

教育公共服务的公共性和公平性等本质属性决定着政府在供给过程中，既要保证公共利益分配的合法性，又要实现公共利益分配的合理性。

3. 教育公共需求变化直接影响政府责任

公共管理的权力来源于公众，因此，公众的教育公共需求对政府的服务取向有直接影响。公众日益变化的教育公共需求包括以下五个方面。

第一是总量上的需求。教育公共需求总量的不断增长表现为高等教育需求更加旺盛，民众对优质化教育的普遍追求，人口流动带来的新教育需求，中高技能劳动者培训教育需求，个性化、特色化教育需求及终身教育需求。

第二是"质"的需求。公众对教育的要求，不仅求"量"而且求"质"。对于优质教育资源，公众的普遍态度是多多益善的。这是人性趋利避害思想的体现，对于环境或资源的需要总是要择优而非选差的。

第三是个性化的需求。基于人的个体差异及人生存环境的差异，公众对教育的需求是一种具有个性化的需求，即每个人都要获得与自己特殊性相一致的需求，而不是人人相同的需求。

第四是有利性的需求。这种有利性的要求，是一种相对的有利性，或者是一种强调自身优势的有利性。为维护自身较高的社会地位，公众必然要求所获得的教育在总量、质量上都优于其他人，以获得社会阶层中的优势地位。

第五是需求结构变化产生的需求。教育需求结构产生一系列的重大变化，这些变化是由人口变化、经济发展方式转变与产业升级、社会流动加速、城市化进程加快等一系列变化引发的。而满足社会公众多元的、多层次的，尤其是个性化的教育需求则是政府教育供给的长期目标。

以上五个方面的教育公共需求变化，影响着政府在教育公共服务供给中的主要方向，并要求政府在公共服务供给中做到理性判断和适时调整。

基于以上探讨，政府在教育公共服务供给中的责任可以归纳为两个方面。一方面是在兼顾公平和效益的基础上，最大限度地维护公共利益。《科尔曼报告》提及把"教育平等等同于教育资源投入上的平等"是一种错误认识，结果将导致"任何人也得不到教育"。教育投入不足是现实问题，但是提高投入的总量，不能进行简单的平均分配。在义务教育阶段，应强调教育公共服务供给的均等化，在非义务教育阶段，教育公共服务供给要强调达到公平和效益的平衡。在兼顾公平和效益的同时，还要适当补偿弱势群体。罗尔斯的正义原则强调两个层面，作为首要原则的是"平等自由原则"，即要平等地对待所有人，是一种横向的、水平的公平。第二个原则是"差别原则"，即要有区别地对待不同的人，尤其要为处境不利者提供补偿的机会。因此，在教育服务供给中，政府应对地处偏远的乡镇、区县予以投入和具体政策的倾斜。

另一方面是要不断满足公众日益变化的教育需求。教育公共服务供给水平的提升，首先是对教育公共服务总量的要求。这是制约我国教育快速发展的瓶颈，需要借助多种手段在短期内实现新的突破，从而真正满足对教育公共服务总量的需要。其次，要提高教育公共服务的质量。社会公众对教育的需求已不是简单的数量要求，而是对优质教育资源的迫切需求。这种对优质教育的需求会持续存在，并逐步发展成为一种对具有个性化、有利性的教育资源的需要，以满足每个个体存在和发展的差异性需求。

(二) 教育公共服务供给中政府的主体责任

在教育公共服务供给中，政府在教育公平性的维护、义务教育普及、教育质量提高、教育服务市场的公平竞争和自由选择、公共财政性教育投入、教育公共服务的监管与绩效评估以及教育公共服务的供给形式等方面都负有重要责任，但以往的实践经验证明，由于政府管得过多，不仅限制了教育公共服务产品的供给，而且给政府造成巨大的负担。可见，政府在不同领域所承担的责任应该是存在差异的，为了更好地行使政府职责，有必要廓清政府的主体责任。

1. 纯教育公共产品供给中的政府责任

对于纯教育公共产品而言，政府需要承担主体责任。纯教育公共产品是指一个国家的基本教育公共服务。基本教育公共服务是指国家提供的能保障公民基本生存和发展，能满足其基本尊严、提升其基本能力的基本的教育和文化公共服务。基本教育公共服务的直接目的就是满足基本公共教育需求，保护公民基本的生存权与基础性的发展权。基本教育公共服务的适用范围，在我国目前的生产力水平条件下，主要是在义务教育阶段。高等教育提供的产品相对于义务教育阶段，尚不属于保障公民最基本的生存发展权，暂不属于基本公共服务的范畴。

在基本教育公共服务供给中，政府的主体责任主要包括两方面：一方面，政府作为主要提供者，应增加资金投入。在经济合作与发展组织（OECD）成员国中，2010年基本教育公共服务90%的投入来自政府，除英国、韩国和智利外的其他成员国也不低于80%。另一方面，政府要努力实现教育机会均等，包括实现教育权利平等、保障教育条件均衡和适当进行结果补偿。

2. 准教育公共产品与私人教育产品供给中的政府责任

当下，在准教育公共产品与私人教育产品供给中，政府需要和社会、市场共同分担责任。关于政府和市场的关系有五种认识。第一种是政府与市场组合的"板块论"，理论基础是"计划经济为主，市场调节为辅"。第二种是政府与市场组合的"渗透论"。理论基础是有计划的商品经济理论。第三种是政府与市场组合的"二次调节论"。这种观点强调，国民经济运行在一般条件下由市场调节，政府对此不应该进行干预。第四种是自由市场的观点，实行自由的市场经济，反对政府干预。第五种是有调节的市场经济模式。实行政府和市场相结合的经济体制，资源配置完全建立在市场经济基础上，政府作用是维护市场运行的外部条件。

利用市场机制来配置教育资源，可以使教育既具有公益性又包含营利性，国外民办学校或私立学校发展的实践说明，真正在市场合法经营中营利的学校，往往是办学质量高而且有信誉的学校，因而也往往比较好地实现了社会效益和公益性。可以看出，市场中运作的教育活动能否实现教育的公益性，取决于教育市场制度的成熟程度，而不是取决于由谁来提供产品。因此，有必要逐步健全市场机制。成熟的市场机制可以保证政府在教育公共服务供给中取得事半功倍的效果。

（三）教育公共服务供给中政府责任的履行方式

在义务教育阶段，教育公共服务的责任主体是政府，履行责任的方式也是多种多样的。教育公共服务供给中政府责任的履行方式正经历一个逐步发展变化的过程，这种变化既可以解放政府，科学行使政府的主体责任，又可以最大限度地服务于公共利益。

1. 由生产者与提供者合一向有限提供者过渡

在计划经济体制下，政府既是教育公共服务的提供者，又是教育公共服务的生产者，这不仅影响了教育公共服务供给的质量及社会效益，也为权力寻租提供了土壤，易导致权责不清、效率低下等问题。以教育行政部门直接管理学校为例，管理过程中政府的时间和精力大量耗费在学校的具体事务中，无暇顾及宏观层面的教育改革发展规划、教育整体设计等问题。而且难以顾及学校个性化发展需要，服务质量较低。但如果二者是分离的，可能会产生提供者选择和管理产品生产的交易成本。因此，政府非常有必要从过去的承担生产者与提供者两种责任走向仅承担提供者一种责任。

2. 由管理者向构建者和监管者转变

政府及其教育行政部门首先要明确，以市场化运作的民间资本有追求投资回报的权利，应该容许营利性教育组织在保证教育公益性的前提下，合理营利，政府从中发挥认证、管理、监督和调控的作用，促进教育市场的完善与发展。在教育公共服务生产过程中，随着供给数量持续性增加和公民需求的不断变化，政府提供全部的教育公共服务，需要引入市场机制，而市场的寻利性与公共利益可能产生的矛盾需要政府监督管理。

公共服务的绩效评估是通过政府部门自我评估、专家评估、公民及舆论评估等多重评估体制，运用科学的指标体系、方法和程序，对公共服务行为主体的业绩、实际作为及其在经济、政治、社会等各方面所产生的影响与结果作尽可能准确的评价，通过掌握公共服务绩效方面的信息，诊断各类公共服务主体运作过程中存在的问题，由此推进公共服务效率和服务质量的提高。

二、本科教学政策的执行效果与问题

回顾改革开放以来高校教学改革的历程，从教学改革政策实施的成效来看，至少有两点可以达成共识。

其一，高校教学改革是长期的、永无止境的过程。改革开放40多年是我国经济社会不断发展的重要时期。相应地，经济社会发展对人才培养的质量以及综合素质的要求也不断提高；经济社会发展的长期性、阶段性决定了高校教学改革的长期性和不同时期教学改革的侧重点。

从改革开放之初强调宽口径人才培养，到20世纪90年代强调文化素质教育，再到当前强调大学生创新精神与实践能力培养，都反映了教学改革不断适应经济社会发展的过程。无论是从社会发展还是从人才培养的目标追求而言，高校教学改革没有终点。

其二，高校教学改革成效显著，支撑了我国高等教育发展进程。在一定意义上讲，高校教学改革本身就是高等教育发展的重要内涵，或者说高校教学改革就是解放人才培养生产力、促进高等教育发展的过程。如果没有人才培养模式、教学管理、教学内容与教学方法等方面的改革，那么不可能有近年来高等教育的大发展。调查结果表明：当前我国高等学校的教学质量总体上是合格或比较好的，有些是优良的；并且，近几年来还有所提高。这在很大程度上应该归功于高校教学改革的成果。

在我们看来，教学改革政策之所以能持续推出，教学改革成效之所以如此显著，都有一个共同的原因，就是我国高等教育在最近40多年时间里的发展走的是一条以制度创新为主的改革道路。

从一定意义上讲，教学改革政策作用的发挥不可避免地受到高等教育制度环境的影响，同时影响着人们的行为方式和价值取向。过去40多年可以说是我国高等教育重要的转型时期。

一方面，高校教学改革面临着一些共性问题，需要通过公共政策来推动和实施；另一方面，使这些教学改革政策充分发挥作用的制度平台正在形成过程中。因此，要加深对我国改革开放以来高校教学改革政策及其实施成效的认知和理解，有必要重点关注制度创新是如何影响高校教学改革政策实施的，进而关注制度创新是如何推动提升政策质量的。

遗憾的是，在改革开放以及高校教学改革已实行多年的今天，高校教学改革仍时常面临重重困难，或者说这些转变仍处于进行当中：政府对高等教育教学资源的掌控不是在减少，而是在增加；高校教学改革的主体性还没有得到充分发挥，高校对政府和政策还有较强的依赖；教学改革的市场机制、信息机制还不健全，高校缺乏特色发展、定位发展意识；高校毕业生的创新精神与实践能力较为薄弱，如何提高教学质量依然是高等教育发展的主题；等等。这些现象表明，在我国经济社会发展急剧变革的背景下，高校教学改革依然任重道远。实际上，在我国高校教学改革过程中，政策选择所起的作用是短期的，而真正的长期的决定性作用来源于通过制度创新使教学改革规范化、制度化。

三、本科教学政策的发展趋势与建议

（一）坚持特色发展之路

1. 大学特色是什么

大学特色是指一所大学在长期发展历程中形成的比较持久稳定的专有性或显著性发展方式和被社会公认的、独特的、优良的学校特征。大学特色是发展的，具有历史性与时代性。在大学发展中，大学特色是大学的生命力和竞争力所在。成熟的大学特色具有多重性和多元发展的特点。大学特色是大学在长期的发展中自觉形成的，发展大学特色必须处理好物质形态、组织形态与观念（精神）形态的关系。

内蒙古大学前校长旭日干说："一种模式，都往综合化发展，都不断扩大规模，这种趋势愈演愈烈，最终将使很多学校丧失了自己独特的发展道路。"[1]许多大学校长呼吁：大学要办出特色！无论是在建设一流大学进程中还是在推进高等教育大众化发展战略中，大学特色的形成与发展始终处在一个焦点上。因为大学与大学的竞争不仅表现在可以量化的实力上，更表现在不可量化的特色上。

---

[1] 丰捷. 高等学校要努力办出特色［N］. 光明日报，2004-09-05（1）.

一所大学的特色主要由物质形态、组织形态、观念（精神）形态三个部分的许多方面构成。大学积极发展各方面的特色，应该是大学追求特色上的一个总的指导思想。大学特色的作用力产生于各方面各种具体特色的作用力所形成的合力：大学目标的特色产生导向力，大学学科的特色产生生长力，大学模式的特色产生发展力，大学环境的特色产生吸引力，大学校长的特色产生感召力，大学教师的特色产生影响力，大学学生的特色产生竞争力。努力形成与发展大学特色，是我国大学矢志不渝地追求和努力奋斗的目标之一①。大学特色的灵魂是具有适应国家、社会发展的大学教育思想与办学理念；大学特色的表现是一所大学专有而显著的发展方式。比如与众不同的校风、学风、师资水平、学科专业、制度规范、教学与研究方式；大学特色的目标是以服务社会发展为宗旨，创造领先的科研成果，培养出有独特个性和丰富创新能力的高素质人才②；大学特色的价值取决于大学对科学和社会发展做出的、被社会广泛承认的实际贡献。

2. 大学特色包括什么

大学特色包括办学思想特色、办学目标特色、学科专业特色、人才培养特色等。

第一，办学思想特色。考察中外所有办学特色鲜明的大学，无一不与校长独特的办学思想密切相关。如：洪堡的思想与柏林大学、蔡元培的思想与北京大学等。希望有所建树的大学校长，不仅应具有先进的办学理念，还应有渊博的文化知识、完善的人格特征、独特的思维品质与出色的管理才能。

高水平的校长应具有多样化的思想。民主的活力在于多样化，在于各种思想的相互补充、相互竞争。多样化要求大学校长坚持独立自主的办学思想，走自己的道路，不盲从权威。

第二，办学目标特色。办学目标通常要考虑三个维度：发展方向、发展程度和预设时期。这三个维度都应该有自己的重点和个性化的规定。一所大学的目标特色也可以体现于整体目标与局部目标之中。

整体目标是学校发展的战略目标，战略目标的定位要坚持实事求是、量力而行的原则。既不要妄自菲薄，也不能好高骛远。战略目标确定后，需要确定学科发展目标或院系发展目标，这就是局部目标。

---

① 黄伯云. 特色发展：大学办学之理念 [J]. 现代大学教育，2003（1）：3-6.

② 储召生. 办学特色：大学的必然选择 [N]. 中国教育报，2003-07-27（4）.

第三，学科专业特色。一所学校要有水平，必须有学科专业特色，它保证了学校竞争力的提升。为此，一方面，要根据学校的目标定位对学科结构进行调整，以利于各学科互补、共同发展，形成学科建设的整体合力。另一方面，要开展专业重组与机制建设。同时，应建立学科及专业退出机制，形成一种适应社会发展需要的存优汰劣的良性循环。

学科专业特色是大学办学特色最基本、最突出、最直接的因素，决定着大学职能发挥和在社会公众中的形象，学科专业特色是办学水平的集中概括和综合体现[①]。培育学科专业特色既是地方大学学科建设的重要内容，又是地方大学形成独有办学特色、提升办学层次水平的有效途径。

学科专业特色不仅体现在一个学科的研究方向上形成独有的个性与特色，还体现在一所大学在特色学科建设与发展水平上。特色学科是一所大学的学科建设区别于其他大学的特质，对于促进学校办学特色具有显著作用，并得到社会广泛认可的优势强势学科。一般而言，特色学科具有以下特征：一是独有性，表现为"人无我有，人有我优，人优我特"的学科特征；二是社会性，特色学科不能用同一标准来衡量，关键在于符合社会需求，有利于人才培养，得到社会公众和其他学科的普遍认可；三是可持续性，特色学科是在长期的办学过程中积淀形成的，具有明显的学术传统和持续发展的特点，表现为具有持久的社会影响力，是促进学校发展的标杆。一流学科塑造了一流大学，一流大学无不以若干个富有个性、一流的特色学科而名扬四海。

第四，人才培养特色。特色是在人才培养过程中显现出来的。首先是人才规格特色。真正确立了人才培养质量意识，就要体现在人才培养的规格特色上。有了人才培养规格特色，就有了区别于其他大学的质量标准。这种特色应体现为人才的独特性、自主性、创造性与和谐性的统一。其次是育人模式特色。育人模式通常包括教学理念、教学目标、教学中的各种关系、程序与方法、教学评价体系五个方面。有特色的育人模式正是在这五个方面显示出它的独特价值，使学生各得其所、各展其长。

3. 大学特色发展的意义

（1）保证大学生存的前提。

伯顿·克拉克说："当普遍的不景气发生时，没有特色的院校除在经费

---

① 纪宝成. 高校科学发展的战略之计：发扬传统　办出特色　办出水平［J］. 中国高等教育，2008
　（10）：8-10.

预算中的固定位置外，对资源没有特殊的权利。作为一个可与其他院校相互代替的院校，可能被负责削减预算的官员选作多余的单位动大手术或破产拍卖。各种各样的公共当局更可能试图褒奖那些想办出特色的院校，而不是安于故常的院校。有许多理由促使胆怯的公共院校回避在象征方面平淡无奇，而是力争表明在特定的品质和服务方面和与外部支持群体的关系方面的独特性。"[①]我国学者也普遍认为，特色是大学生存的前提，没有特色的大学常常会处于危险之中。这些看法虽然是把大学特色的形成与发展作为工具理性和生存战略对待，但在竞争中首先是求生存，所以这是正常的和无可厚非的。

大学特色是大学独特的、持久的内涵。有特色的大学，才是有魅力的大学，也才是有生命力和竞争力的大学。就全国而言，大学走特色化发展之路，才能形成大学间相互协作共生的良性发展局面。一所大学的特色愈鲜明，其与其他大学的协作互补作用便愈强，也就愈容易产生出特色化的高等教育和培养出特色化的高级专门人才，而这些又反过来进一步提升和丰富了这所大学的特色。

（2）保证大学的竞争力。

就大学群体来说，大学的活力也在于多样化，在于相互补充、相互竞争。世界一流大学中有特大、特全的，比如牛津大学、剑桥大学。但也有美国加州理工学院这样只有 2000 名学生的小型学校，还有像法国高等师范学校和物理化学工业学校。这些学校的共同特点是非常重视自己的特色[②]。大学特色多元发展的意义不仅在于大学自身的稳定发展，还在于它对其他大学及社会发展的影响。人们常常看到，特色多元化发展的大学，不仅大学内部的凝聚力要远远大于特色单一化发展的大学，而且对其他大学及社会的吸引力和辐射力也要远远大于特色单一化发展的大学。正因为如此，我们在宣扬大学特色的独特性的同时，也绝不能忘记宣扬大学特色的丰富性、多元性。只有当大学具有独特而丰富的特色时，才能更具影响力、生命力和竞争力。

（3）具有行业特征的特色型大学。

我们分别从人才培养、科学研究和直接服务社会三个方面看特色型大学在历史发展中的定位。第一，按照各类行业，培养大量的应用型人才；第二，面向行业开展应用研究，促进相关行业技术的提高和升级；第三，特色型大学直接为相关行业服务，推动相关行业的发展。

---

① 伯顿·克拉克. 高等教育系统 [M]. 杭州：杭州大学出版社，1994：96.

② 代表委员提醒：一流大学建设谨防三大误区 [N]. 中国教育报，2002-03-12（4）.

从历史发展的角度看，特色型大学的优势和成功之处在于面向特定行业培养应用型人才、开展应用研究和直接为特定行业服务；从世界范围看，类型的差异不等于水平的高低，不同类型的高校均可办成"一流大学"，立足自身优势、科学定位、分类发展才是高校办学的成功之路。因此，特色型大学一般应定位于面向特定行业的应用型大学。

4. 如何实现特色发展

（1）着重提高学生的综合素质。

专业人员的培养仅仅拥有某一领域的专门知识是很难面对未来社会发展的。美国国家科学、工程与公共政策委员会于1995年发表的《重塑科学家与工程师的研究生教育》报告指出，"一个人过分集中于某一分支领域，将使其后来的研究成果受到限制，并且影响其职业的选择"，"过分狭窄的教育经历"将会使研究生适应"后来的中途职业改变"非常困难，"特别是对非传统型的工作领域"。因此，"研究生计划应强调多方面才能的（versatility）教育"，应"提供一个更宽的学业选择范围"，"使学生能获得更广泛的学术知识和职业技能"。

一方面，按照"强调基础、注重融合、拓宽视野、开阔胸襟"的要求，通过学科间的综合设置通识教育课程，保证课程结构合理、层次规范，基础平台得到进一步拓宽，使学生的知识转换与迁移能力得到进一步加强，为学生的后续发展加宽与夯实基础；另一方面，从应用型人才培养的实际要求出发，增加复合类、应用类课程的比重，设计不同的课程模块，通过分流不断增强学生的适应性，逐步提高应用型人才的培养质量。

（2）增强办学的自主性和自觉性，加强联系。

主动与行业及行业相关部门加强联系。与原行业主管部门脱离行政关系后，特色型大学从原行业主管部门获得的资源和信息减少，办学定位、办学效益和水平均受到一定的影响。对此，应当改变观念：特色型大学服务的是行业，而不是某个具体的部门，与原有行业主管部门脱离了行政关系，不等于与相关的行业也脱离了关系。

（3）积极开展制度建设。

办学理念作为一种观念和精神要素，表征着大学的理想意愿、目标追求和社会责任，它不等于办学实践，不可能自动实现，而必须通过大学内部的制度安排来实现。办学理念在一定意义上蕴含着大学的目标定位、发展方向、运行原则，而制度可以物化大学理念，是思想观念转化为行为实践的中介。

大学的特色发展不仅离不开制度，还主要依赖于制度。大师、大楼习惯上被看作影响大学发展的两个关键因素。实际上，当大学被视为对教育资源集中进行分配和交易的场所时，便可发现在这一场所中"教育资源的配置方式和交易机制依存于各种制度"，依存并决定于大学内部的各种"制度安排"。[①]相对于大师和大楼而言，大学制度对大学的发展具有直接的、决定性的作用，是影响大学发展的一种内生变量。

大学制度建设是一所大学按照大学的发展逻辑办学的基本要求，是形成办学特色的基础。大学的办学特色要靠社会的评价和承认，社会评价一所学校特色的根据正是其教师独特的学术风格、出色的学术成就和与众不同的毕业生。"以人为本"建设大学制度，对我国高校而言，目前最重要的是要解决以下三方面的问题。首先，在学校内部管理制度方面，要尊重学术自由，突出学术目标，充分解放"知识生产力"。其次，在教学制度方面，要充分认识大学教学过程的"中间过渡性"特征，充分尊重学生的个性差异，充分发挥学生作为学习主体的学习选择自由和个性发展自由。最后，在教学的各个环节和各个方面，贯彻个性化的要求，在注意学生个体的自主性以及作为个体存在的组织自主性统一的基础上，建立一种开放而富有弹性的教学制度，实施学分制教学管理制度，以利于学生的个性优势充分发掘和释放，使培养出的学生特色鲜明。

（4）积极发展特色学科。

第一，坚持特色发展，树立"品牌"意识。

学科特色是什么？特色具有不可替代性、独有性和不可模仿性，表现为不同高校同类学科的比较优势和个性魅力。特色既是一个学科的"立足之根"，又是一个学科的"竞争之本"，坚持特色发展，既要注重培育学科特色，更要优先发展特色学科。

第二，实施分层建设，树立"竞争"意识。

特色学科建设需要正确把握"突出重点"与"兼顾一般"的关系，建立由"主干优势学科、基础支撑学科、扶植培育学科、交叉新兴学科"组成的学科结构体系，采用不同的建设目标、管理模式、评价标准和投入机制，进

[①] 崔玉平. 高等教育制度创新的经济学分析［M］. 北京：北京师范大学出版社，2002：8.

行分类分层建设。首先要突出重点、扶优扶强，形成特色。其次是学科建设要兼顾一般，定向扶弱，实施"梯度发展"战略。最后是现代科学技术的重大突破已经证明新兴交叉学科具有极强生命力和竞争力，需要特别重视促进理工、文理结合的交叉学科、新兴学科的发展，形成互动共生的发展机制，多学科的交叉融合是大学发展和人才培养不可缺少的基本条件，有利于形成学科新的增长点，保持特色学科和学科特色的发展张力。

第三，注重以人为本，树立"团队"意识。

学科建设要体现"教育以育人为本，以学生为主体，办学以人才为本，以教师为主体"的教育理念，重视发挥教师、学生两大创新主体的作用，做到人尽其才、才尽其用。一是重视学科领军人物建设，二是重视学术队伍建设，三是注重创新团队建设。

第四，突出创新成果，树立"顶天"意识。

创新既是一个学科发展的"不竭动力"，又是一个学科的"核心竞争力"。提升创新能力、培育创新成果是优势特色学科建设关键之所在。

第五，强化地方服务，树立"立地"意识。

地方大学要加快特色学科建设，必须发挥区位优势，树立"立地"意识，紧紧抓住地方经济社会快速发展的机遇，建立产学研技术创新联盟和技术创新平台，强化地方服务，推进产学合作。

第六，体现效益管理，树立"质量"意识。

学科建设是一项系统性工程，涉及人、财、物资源要素，要以提升学科水平、形成学科特色为目标，树立"质量"意识，依托高层次创新平台，协调各种创新要素，促进学科交叉融合，发挥多学科优势，开展探索性、创新性研究，提升自主创新能力。

（二）有效开展通识教育

1. 本科层次开展通识教育的意义

（1）通识教育的概念。

刘铁芳认为，通识教育其实就是我们每一个人如何超越有限，追寻普遍与永恒的教育。大学通识教育的根本在于其承载了大学教育的根本目标，也就是以通识培育通人，而非通才，即培养完整的人。通识教育就是开启人性不断自我恢复的路径，以对完全的追求来促进人的自我理解。我们倡导通识教育，思考通识教育，最基本的问题就是"认识你自己"，并在不断开启的自我认识之中成为"你自己"。①

　　通识中的"通"不是通才的"通"，即什么都知道；而是贯通的"通"，即不同学科的知识能够相互通融，遇到问题时能够从比较开阔的、跨学科的视角进行思考、收集资料、与人交流合作，达到不同文化和不同专业之间的沟通。

　　通识教育（又译为普通教育、一般教育），既是大学的一种理念，也是一种人才培养模式。其目标是培养完整的人（又称全人），即具备远大眼光、通融识见、博雅精神和优美情感的人，而不仅仅是某一狭窄专业领域的专精型人才。在通识教育模式下，学生需要综合、全面地了解人类知识的总体状况（包括主要知识领域的基本观点、思维方式和历史发展趋势）。在拥有基本知识和教育经验的基础上，理性地选择或形成自己的专业方向。学生通过融会贯通的学习方式，形成较宽厚、扎实的专业基础以及合理的知识和能力结构，同时认识和了解当代社会的重要课题，发展全面的人格素质与广阔的知识视野②。

　　（2）与相关概念的关系。

　　第一，通识教育与专才教育。

　　通识教育与专才教育都是大学本科的人才培养模式，它们是互相对立的两种模式。前者的目标旨在培养既具有比较宽厚的专业知识和能力基础，又对人类主要知识领域有所了解的高素质人才；后者的目标是培养在某一专业领域具有精深知识和能力基础的高级专门人才。

　　第二，通识教育与自由教育。

　　虽然两者之间具有历史发展的连续性，在内涵上也有共通之处。但是它们所处的历史情境、培养目标以及各自所对应的教育类型很不相同。自由教育首先由亚里士多德提出，核心概念是自由，即心智的解放。自由教育的目的是培养人发展自身的素质，如果通过学习某种技巧而达至实用的目的，那么是"非自由"的教育。自由教育是典型的精英教育，专为有闲阶级和统治阶级而设立，以培养绅士为目标。

　　自由教育所对应的是职业教育，通识教育所对应的是专才教育。虽然通识教育与自由教育一样都重视对完整的人的培养，但比较而言，自由教育的整合点更多的在"人"，通识教育的整合点更多的在"识"——更多、更

① 刘铁芳. 大学通识教育的意蕴及其可能性 [J]. 高等教育研究，2012（7）：1-5.

② 陈向明. 对通识教育有关概念的辨析 [J]. 高等教育研究，2006（3）：65.

"通"的"识"。前者更多地从人生观的角度培养人，后者更多地从知识论的角度培养人。

第三，通识教育与人文教育。

人文教育指的是培养人文精神，提升人的道德、精神、价值观的教育，通过把人类积累的智慧精神、心性精粹与阅历经验传授给下一代，以期洞察人生、完善心智、净化灵魂，理解人生的意义与目的，找到正确的生活方式。人文教育的内容主要包括人文社会学科的内容，特别是文史哲方面的内容。

通识教育比人文教育要更加宽泛，它不仅包括人文社会科学内容，而且包括自然科学和技术方面内容。对后者的探讨不仅涉及其历史发展脉络、基本定理和操作方法，而且涉及其背后的哲学思想、方法论问题以及科学探究的精神。

第四，通识教育与专业教育。

专业教育指的是根据国家教育行政部门规定的专业划分为大学生提供的专门教育。目的是让大学生掌握本专业的基本知识和技能，成为该专业领域的高级专门人才。按照专业实施教育是现代高等教育的显著特征，与学科知识体系的分化以及社会分工的细化有关。

通识教育与专业教育的关系历来是大学本科教育改革中最为棘手的问题。目前，存在三种不同的观点。① 通识教育是专业教育的补充与纠正。即学生在自己所学专业之外再学一些本专业外的知识和技能。在这里，通识教育与专业教育是并列的概念。② 通识教育是专业教育的延伸与深化，即专业教育通识化，将过分狭窄的专业教育拓宽。在这里，专业教育是通识教育的上位概念。③ 通识教育是专业教育的灵魂与统帅。在这里，专业教育是通识教育的下位概念①。

从总体上说，通识教育与专业教育并非对立的关系。后者包含在前者之中，是前者的组成部分，而不应游离其外或与之并列，更不应与之对立。之所以这么说，至少有三个理由。首先，通识教育模式下培养的人才也需要有过硬的专业本领。在现代社会，人必须有谋生之技，方能择业糊口——这实际上是价值合理性教育与工具合理性教育的统一。通识教育应该既有宽度又有深度，学生既广泛涉猎多门学科又致力于某一学科领域的深入研究。其次，在当前职业变换非常频繁的情况下，通识教育模式下培养的宽口径的专

① 季诚钧. 试论大学专业教育与通识教育的关系 [J]. 中国高教研究，2002（3）：50.

业人才更能灵活地适应工作转换。最后，在通识教育模式下，即使是学习专门技术，也关涉学习者其他相关禀赋的发展以及学习者对人生意义和社会价值的感悟。需要指出的是，专业教育不等同于专才教育。

前者是按照一定的专业划分实施的教育，后者是一种培养模式，与通识教育相对应。无论是在专才教育模式下还是在通识教育模式下，都要实施专业教育。但在不同模式下，具体实施的内容和方式是不一样的——前者更"专"，后者更"通"。

（3）通识教育的意义。

第一，解决教育的破碎性问题。

今日教育的问题恰恰是教育自身的支离破碎。这种破碎性表现在两个方面。一是教育目标的破碎性，我们不再汲汲以求人的完整性生成作为教育的目标，我们的教育是培养适应各种实际生活需要而展开的诸种人的素质，教育目标随着实际的需要而轻易流变，在对个体进行种种素质之教育过程中恰恰看不到人性的整体。二是教育过程的破碎性，即教育自身的分化。不同的教育形式、不同的课程之间缺少内在的整合性或者内在的一致性。一个人接受了大学教育，却没有在经历大学的过程中促成自我完整性认同的形成。这意味着通识教育理念的开启就是要给当下破碎的大学教育以灵魂，让大学教育回归育人这一根本目标。

第二，激活个人对更高知识的追求。

激发学习热情，保持旺盛的学习动力和良好的学习习惯。大学教育活动不能停留在表面、被动地接受层次，而应唤起大学生的学习欲望，深入其内心世界，才能实现育人的成效，经典阅读课程就是达此目的的有效方式。弥尔顿·梅耶说："有趣的教育是通过使用名著而非课本、讨论而非讲座来进行的。"[①]赫钦斯也指出，"实际的情况是，最好的实用性教育是最具理论性的教育"；"如果新一代要想找到走出明天的迷宫之路，他们所需要的是原则，永恒的原则，而不是资料、事实和有用的小常识"。[②]在高等教育普及化阶段，终身教育和建设学习型社会成为我国建设现代化社会的普遍要求，在大学乃至社会推动通识教育和名著阅读活动，无疑具有重大的现实教育意义。

通识教育的根本并不在于知识形式意义上的一般教育，即如何提供全菜

① 罗伯特·M. 赫钦斯. 美国高等教育 [M]. 汪利兵，译. 杭州：浙江教育出版社，2001：71.

② 同①：72-73.

单式的人文知识教育，尽管多样的知识形式也十分重要，但知识形式的多样化只能是表面的——而更在于以何种方式去追求知识，也就是在不同知识领域中超越专门化知识诉求，而达至对整体性的追求。知识视野的拓宽是十分重要的，但知识视野的拓宽本身并不足以等同于通识教育，只有当这种拓宽丰富了个人自我存在的理解，进而有效地激活了个人对更高知识的追求，才足以成为真正意义上的通识教育。大学代表着某种事物，某种以自身为目标的事物，以此来唤起、激励青年学生对更高人生目标的追求。大学通识教育植根于大学整体之中，传达出来的是对美好人性的关切。

第三，弥补功利主义教育的短板。

功利教育导致想象力的贫乏和数字思维的僵化，其直接的恶果是："它们能遮蔽人们真正的需求和对人们丰富性的关注，尤其会忽略对那些弱者同情的关注。"[1]

杜威认为，通识教育应该培养学生"思想的接受能力，丰富的想象力，训练有素的辨别力，没有阶级偏见、宗派偏见或党派偏见，有激情，有信念而不狂热"。[2]因此，大学通识教育的使命之一是让学生建构这样的理念：世界各民族各种族之间以勇敢而积极的态度相互理解与相互依存，让学生做好为人类命运共同体努力工作的准备，并在公共生活中负有重大责任。未来掌握在自己手里，要了解人类发展的困境，保护自己的未来并为之奋斗。

在一定意义上，大学通识教育教学优秀与否的基本标准之一就是个性化与创造性，但是，在现有的大学通识教育教学中很难展现。因为考试决定了学校的未来发展与教育安排，一切无法带来优秀成绩回报的师生交流形式都被课堂教学所排除。目前，世界各国的教育发展目标，或者是被扩大市场份额占有，或者是致力于保障就业，而人的"想象力和批判思维能力都似乎是无用的饰物，人们甚至越来越鄙视它们"。对所有学生而言，学校课程的人文色彩日渐消逝，主宰一切的教学方法是死记硬背和应对考试。因此，通识教育的未来发展前景令人堪忧，面临着诸多不确定性。毋庸置疑，在当今重视经济发展的时代，职业教育受到更多的重视，人文课程缩减，人文系教师人数减少，一些文科院校已经开始转型为职业教育，这一切都是不争的事

①玛莎·C.努斯鲍姆. 诗性正义：文学想象与公共生活 [M]. 丁晓东，译. 北京：北京大学出版社，2010：18.

②玛莎·C.努斯鲍姆. 培养人性：从古典学角度为通识教育改革辩护 [M]. 李艳，译. 上海：上海三联书店，2013：168.

实，通识教育与职业教育兼容并包的思想在一定程度上受到轻视。努斯鲍姆担心地指出："人们如果没有学会如何运用理性和想象就进入一个包括了各种文化、各个群体以及各种想法的广阔天地当中，那么无论他们在职业教育上的准备多么充分，就个人和政治层面而言他们都是赤贫一族。"①

第四，传播人文社会与科学文化知识，提升国民整体素质。

通识教育进行广泛的跨学科学习，为人的全面发展奠定了宽厚的文化基础。无论是美国大学的通识教育课程，还是中国近代大学通识教育的教学实践，无不重视人文、社会和自然科学的融会贯通。中外大学教育的实践表明，实施通识教育有利于拓展学生的学术视野，完善其人格修养和知识结构；提升高等教育质量，须加强通识教育，建立和完善通专结合的培养模式，以培养学生的综合创新能力。民国后期大学普遍实行主辅修制，并与学分制相配合，拓宽了大学生的学术视野，巩固了学科基础，促进了创新人才的培养。这也从一个侧面反映了通识教育的成效。当今我国高等教育发展正在转向质量建设，推进大学"双一流"建设，需要改革和完善大学通识教育，从而有效提升大学生的人文与科学文化素质，推动社会文明发展。

2. 新时期通识教育的内涵、目标

（1）通识课应该培养什么素质。

第一，跨学科思维和复杂问题分析能力。

随着全球化时代不同社会间联系的复杂化以及人类生存环境的变化，更为复杂多样的经济、社会和自然问题不断出现，推动了学科边界的突破和知识生产模式的转型，因为新兴复杂问题的解决往往需要跨学科和超学科的知识视野和分析工具。

多数通识课的内容都体现了以问题为导向的主题化、综合性和多学科特点，训练学生的跨学科问题分析思维。课程以人文社会科学与自然科学交融的跨文理形式为主，如"科技伦理"课程探讨现代科技的道德、社会和政治含义。此外，也有不少的文科内多学科和理科内多学科的综合性通识课，如"你以为你是谁"课程利用艺术、哲学、文学、宗教、历史和社会学等多学科工具，加深学生对什么是身份以及它在我们生活中扮演什么角色的理解。

---

① 玛莎·C.努斯鲍姆.培养人性：从古典学角度为通识教育改革辩护［M］.李艳，译.上海：上海三联书店，2013：287-288.

第二，多元文化与多元社会理解能力。

21世纪是国家间互动密切、多元文化交流深入的全球化时代。通识教育应当引导学生了解各个社会的价值观、风俗、制度及其产生的过程和原因，以此来培养他们形成开放和多元的社会观察视野，深入理解当代中国与世界其他社会的相互关系。

第三，阅读经典名著的意识和能力。

通识教育内容主要由那些"永恒的学习"组成，包括多个世纪以来的经典名著、涵盖了知识的所有领域。通识课程由经典名著以阅读、写作、思维和说话的艺术构成，再加上数学，不包括身体的锻炼和性格的培养以及社交规范、商业技巧。赫钦斯之所以如此重视"永恒的学习"，是"因为这些学习会发掘我们共同的人性要素，因为它们将人与人联系起来，因为它们将我们与人类以往的最佳思维联系起来，因为它们是进一步学习和理解世界的基础"①。大学期间，阅读、讨论和消化这类名著，有利于为专业学习做准备，有利于各种终结性的普通教育。

（2）不同专业的通识教育有什么差异。

第一，新工科通识教育体系。

"新工科"正是基于我国战略发展新需求、国际竞争新形势、立德树人新要求提出的我国高等工程教育改革新方向。

在新工科教育培养体系的实践探索中，应兼顾"专业工具理性"与"价值方法理性"双重培养功能的建构，以切实结合多层次客观问题需求为导向，以单学科专业的专业性深入、单学科多专业的链接、跨学科的跨专业融合、多维度新工科实践情境体系的建立、专业课程的思政性融入等为具体抓手，实现创新能力、创新思维、系统及批判性思维等新工科人才核心能力的养成。其中，基于全面育人理念的新工科通识教育作为连接传统通识课程与工科专业课程的桥梁，在一定程度上决定了新工科人才培养的深度、广度与厚度，其在新工科教育体系中起到基础的支撑作用，受到越来越广泛的关注和重视。

新工科教育的本质属性要求跨学科专业、跨学校企业、跨行业产业为基础的交叉融合，随着工程实践领域和水平的不断拓展、提升，工程决策面临工程伦理与价值的抉择，工程活动承担巨大的生态、社会风险，同时工程活动肩负文化传统的传承和发展重任。新工科人才应具备开阔的国际视野、高

---

① 罗伯特·M. 赫钦斯. 美国高等教育 [M]. 汪利兵，译. 杭州：浙江教育出版社，2001：46.

度的政治敏锐性、深厚的人文素养及洞察力、厚实的自然科学理论基础、高超的协调和组织能力、灵活的创新应用能力等。

新工科通识教育在满足一般意义上通识教育内涵和要义的同时，又具有其自身应然与实然的特殊性。著名科学家、教育家钱伟长说过："我们培养的学生首先应该是一个全面的人，是一个爱国者，一个辩证唯物主义者，一个有文化艺术修养、道德品质高尚、心灵美好的人；其次，才是一个拥有学科、专业知识的人，一个未来的工程师、专家。"①

我国于2013年开始展开国际实质等效的工程教育专业认证工作，工程教育专业认证遵循三个基本理念："成果导向、以学生为中心、持续改进"，"成果导向教育理念（outcome-based education，OBE）"逐渐被国内高校所认同，并将其作为我国工程教育认证的实施路径。OBE是以学生学习结果（产出）为导向，围绕定义预期学习产出、实现预期学习产出、评估学习产出的线路展开，强调以"学"为中心。学生的预期学习结果作为教学组织的目标和导向串联起整个培养过程，贯穿于课程体系构建、教学设计、教学实施和教学效果评价这一完整的培养体系，因此，OBE模式具有融合、协调内外因素和条件，整体协作实现教学目标达成的特性。②

以高校工程教育认证为契机，基于成果导向教育理念建立新工科通识教育课程体系，能够在传统工程专业教育模式和体系的基础上，有望突破学科、专业、课程、机构、制度及理念方面的障碍和藩篱，以新工科人才培养目标为引领，以学习成果为基准，构建系统性的多元多级的课程体系，从知识、能力、情感三个方面，将学习成果能力结构与课程体系结构形成清晰的映射关系，真正实现专业课程和通识课程相互关联、支撑、依赖和融合。③因此，可以采取定制化工程通识课程的人文社会科学内容、夯实通识课程体系的自然科学基础课程地基、注重通识课程中对跨学科思维的培养、完善实施新工科通识课程的保障体系路径方法解决问题。

第二，新文科通识教育体系。

2020年11月，教育部新文科建设工作组发布《新文科建设宣言》。为了全面推进新文科建设，构建世界水平、中国特色的复合型文科人才培养体

① 钱伟长. 论教育 [M]. 上海：上海大学出版社，2006：62.

② 张男星，张炼，王新凤，等. 理解OBE：起源、核心与实践边界：兼议专业教育的范式转变 [J]. 高等工程教育研究，2020（3）：109-115.

③ 倪晓丹. OBE理念下通识教育和专业教育融合路径研究 [J]. 教育评论，2020（1）：48-55.

系，教育部又于2021年认定了1011个新文科研究与改革实践项目。当前，我国新文科建设的启动，是在新科技革命和产业变革快速发展视域下对学科建设的调整、重构和优化，是基于国际国内形势深刻变化背景人才培养模式的蜕变，也是顺从高等教育发展规律之所为。

通识教育作为一种全人教育理念，可溯源至古希腊的"自由教育"以及我国传统儒家教育思想，其内涵是"以人为本""融通识得"。新文科和通识教育都是具有时代意义的改革创新之举，二者最终的落脚点都是使人之为"完人"，强调跨学科学习，注重综合素养。全面推进新文科建设，迫切需要以通识教育为载体，发挥其得天独厚的优势，培养出知识更复合、学科更融合、视野更开阔、实践能力更强、文化认同度更高的引领未来的复合型人才。

作为一项中国高等教育改革举措和国家发展战略，新文科新在"回植育人精神"，新在"复兴中国文化"，新在"立足社会现实"，新在"促进学科融合"。这"四新"在理念内涵、本土创新、目标定位、资源融合方面有助于通识教育探索新的发展模式。

新文科和通识教育的育人理念在本质上具有高度一致性，当下新文科所秉承的立德树人精神、育人化人精神丰富了通识教育的理念，深化了人们对新时代通识教育的认知和理解。高等教育的根本价值在于培养完整且健全的人，尽可能实现自身多方面的潜能，使个体向各自独一无二的可完善性迈进①。当前新文科建设的提出并非对传统文科的简单修补，而是要全方位打造文化育人的新格局，将文科功能的发挥体现在其对人文精神的弘扬上、对人德行的涵养上，将立人、育人、化人置于新文科实践的首要地位，这就要求高校通识教育要持续强化"以人为本""立德树人"的新观念，突出哲学、文学、历史学等学科在人文精神层面的表达，发挥好课程思政的作用。

当前，中国特色社会主义进入新时代，我国也进入到百年来最为重视中国文化的时代。在此背景下，提出新文科建设的实质就是推动传统文化的新陈代谢，建设中国的新文化，这为通识教育在新的历史节点实现本土化及再创新提供了契机。因此，通识教育理应乘新文科建设东风，从中国历史和国情出发，在课程建设中坚持中国化、本土化原则，一方面推动中国优秀传统文化资源的发扬光大与历久弥新，另一方面通过人文教育全面提升中国人的文化自信。

当前，基于迎接世界挑战、应对科技变革、彰显中国精神而提出的新文

① 聂保平. 通识教育面临的共性问题与现实使命［J］. 南京社会科学，2020（11）：141-147.

科建设，要求通识教育目标的制定应聚焦于"家国情怀""知识视野""实践能力""创新思维"四方面的培养。

"家国情怀"目标应基于中国文化，突出中国价值，培养具有"中国魂"的现代公民，这也是通识教育中国化的实现路径；"知识视野"目标既包括基于资源融合、学科交叉的特点开阔学生的学科视野，也包括顺应全球化趋势拓展学生的国际视野；"实践能力"目标要求通识教育最终应提高学生解决现实问题的能力，这也是新文科建设的重中之重，因为任何教育都不能是空中楼阁、镜中花水中月，而是要做到知行合一；"创新思维"目标是在学生跨学科处理分析各种问题中提升的，是应对信息化、科技化、学科交叉的重要素养，也是提高国家竞争力的关键。

高校必须要打破专业壁垒，以社会生活为导向推进学科间的互联互通，构建以问题为中心的学科耦合体①，培养出具备实践素养且能够应对世界之变的复合型人才。我国新文科建设正是对当下时代的回应，是基于"重混"这一哲学基础，主张以"跨学科"甚至"超学科"思维去弥补知识的断裂，以解决问题为出发点加强学科内外、学科之间、学科与社会和科技之间的联系，强调打破单一学科的人才培养模式。这种学科融合理念完全契合了大学通识教育的历史使命。

3. 通识教育的路径方法

（1）制定焦点清晰、切实可操作的通识课程目标。

教育目标的宽泛失焦是导致通识课程内容散乱、实施成效不佳的重要原因。第一，不遗余力地开发独立于学科专业体系、围绕通识目标的专项通识教育课程。第二，严格控制专项通识课的数量（100门左右），让不同课程间的目标更容易集中和统一。第三，课程通过强调社会治理能力、多元文化理解能力、跨学科思维和复杂问题分析能力等具体能力的培养来实现立意高远的育人目标。国内一流大学在制定通识教育目标时，不能滞留在充满理想性的培养理念层面，而应该进一步落实到具体的课程层面，使目标清晰，具有可操作性。同时，要加强不同课程的目标一致性和聚焦性，摆脱松散化的课程"拼盘"，使每一门通识课程都能围绕着总的通才培养目标。

（2）强化问题意识，保证通识课内容的深度。

如何在通识课内容层面协调好综合性（通识）和学科性（专深）的关系

---

①龙宝新. 中国新文科的时代内涵与建设路向［J］. 南京社会科学，2021（1）：135-143.

是另一难题。通识课程是为了让学生能不受特定学科范围的限制，接触到广泛的主题。但问题是，这种多学科、综合化的通识课既不同于内容艰深的文科经典阅读模式，也不同于内容专深的学科思维训练模式，其所授内容容易流于表浅、广而不精，而且会让不少自然科学领域的教师望而却步。

为了解决这一问题，可以通过联系"真实世界"和"问题导向"的内容设计理念来将分散化的多学科知识串联起来，强调"真实世界"中的经验和亲身实践，提倡跨学科和案例学习。从教师具体的课程设计中也可以看出，这种明显的"问题意识"——从问题出发，灵活地使用来自不同学科的理论、方法和分析工具，使学生在深入探讨问题的过程中，习得广泛的知识视野和跨学科的思维能力。

（3）高影响力的教学实践活动。

第一，高挑战度的学业要求。大学生学习理论认为，"学业挑战度"对于学生的学习和发展而言至关重要，它包括课程的学习时间、高阶认知能力要求、课前和课后学习任务量等指标。[①]

第二，打破成见的批判性教学。批判性思维训练是通识教育的题中之义。哈佛大学的通识课"通过一些与此时此地非常不同的历史时刻、文化模式和超越我们理解范围的现象，将学生置于一种陌生感中。引导学生去打破成见，把熟悉的事物变得不熟悉，揭示藏在事物表象之下的东西"[②]。教师在课堂上让学生对自己平时身处其间、习以为常的信息和经验进行多方面审视和批判性思考，以获得更加深刻的认识。

第三，以小见大的案例分析教学。通识课中案例分析的目标并不止步于更好地传授具体的知识和能力，而是试图从个案分析中抽取出人类面对的一些大问题，启发学生对其进行关切与求索。例如，"挖掘字形：破译冒险"课程以古代文字系统的破译工作为案例，借此探讨认识论等意义更大的问题：符号是什么？它们是如何工作的？如何"阅读"我们周围的世界？如何能够自信地知道我们所说的和我们知道的？

"古典神话：神话在古代和今天的力量"课程从古希腊和古罗马的神话

---

① INDIANA UNIV. The NSSE 2000 REPORT: National benchmarks of effective educational practice［R］. Bloomington: School of Education Indiana University，2000：3.

② Harvard University Faculty of Science and Art. Report of the task force on general education（2007）［EB/OL］.［2024-03-15］http://projects.iq.harvard.edu/files/gened/files/genedtaskforcereport.pdf?m=1448033208.

故事出发，进而追问：什么是"神话"？这些古老的故事为什么在几千年后仍然能引起共鸣？它能告诉我们什么是人类吗？古代和现代的神话如何继续反映和塑造我们今天的世界观？

第四，促进深度学习的教学形式。课堂互动是提高课程教学质量的关键因素，但作为全校公共选修课的通识课多数具有较大的班级规模，开展互动相对困难。呼吁通识课教师借助项目设计、实地参观、做中学等多元教学形式来促进学生的深度参与，弥补课堂对话有限的缺憾。学生通过具体实践，能更深刻地掌握所学内容，通识课应该将所教授的基本概念和法则运用于解决具体问题、完成实际任务、设计现实物品并为学生提供课外体验。

（三）加强教学质量评估

1. 教学质量评估的重要性

2004年，教育部部长周济在教育部高等教育教学评估中心成立新闻发布会上发表的讲话中指出："在近几年快速发展情况下，高等教育也暴露出一些深层次的问题和矛盾，面临着严峻的挑战。我们是穷国办大教育，人民群众不断增长的教育需求与优质教育资源供给不足是现阶段高等教育存在的基本矛盾，一方面人民群众对高等教育要求很高，另一方面是优质教育资源供给严重不足，所有问题都是由此引发的。高等教育投入不足，教育基础设施、师资队伍水平还远不能适应现代化要求。高等教育观念、培养模式以至于管理体制、运行机制都还存在问题。因此，必须在成绩面前保持冷静的头脑，满腔热情，只争朝夕，抢抓机遇，扎扎实实地推进质量工作。"

同时提出，"政府实施教育振兴行动计划和质量工程，是从外部促进质量提高，但提高质量最为根本的还取决于高等学校自身。提高质量靠的是学生、教师和学校领导。学生是提高教学质量的主体。提高教学质量首先要从根本上调动学生的积极性，促进他们努力学习，善于学习，快速成才。此外，学校要充分重视教学工作，切实加强教学软硬件建设，把教学置于学校全部工作的中心，尊重教师和人才，调动教师积极性主动性，调动学生学习热情，才能保证将提高质量工作落到实处"。

2. 本科教学质量评估的发展趋势

（1）价值转换：牢固树立"立德树人"的评估理念。

学习贯彻习近平新时代中国特色社会主义思想主题教育，习近平总书记的一系列重要论述多次强调高校的立身之本在于"立德树人"，2020年政府工作报告强调的"人民至上"理念和"立德树人"任务意识对我国本科教育教学评估的政策发展更是具有重要指导意义。"立德树人"是中国特色社会主义大学的本质特征，体现了我国大学鲜明的意识形态特点，具有"知识共同体"和"德育共同体"的双重属性。因此，本科教学评估政策在价值取向上应将高校是否落实"立德树人"根本任务作为本科教育教学质量评估的核心任务。

具体来讲，一要健全以"立德树人"成效为核心的评估指标体系。在当前的评估指标中，进一步补充和完善"立德树人成效"评估指标，引导高校体现立德树人的人才培养目标，主动探索和创新立德树人实现路径，实现知识育人和价值育人的有机统一。二是丰富当前评估指标的育人内涵。如丰富师资队伍评估指标的德育内涵，在原有指标基础上，加强对教师师德师风的评价，引导教师实现教书育人的统一；丰富专业建设评估指标的育德内涵，在培养方案的评价指标中凸显人才培养应具备的国家大德、社会公德、职业道德和个人品德，在课程建设的评价指标中重塑课程三维目标，发挥每一门课程的育人功能。

（2）核心目标：突出学习者的期望与需求。

在我国现有的本科教学质量评估实践中，重教学条件评价、轻教学效果评价现象明显，教学效果评价也主要集中在对教师教学效果的单项评价。

从对教师教学效果的单项评价转向对教师教学效果和学生学习结果的双项评价，完善质量评估专门机构的评价标准显得迫切而重要。建立科学合理的评价标准是学生学习结果评价得以实施的重要前提。

一方面，评价标准要力避高校质量评估过程中过分注重科研指标、输入指标和资源指标，将高校质量评估的重心落实在人才培养质量上，充分突出和保证教学工作的中心地位。另一方面，专门的质量评估机构应决定哪些学习结果是质量评估考查的重点，并确定相应的测评手段和评价指标，客观评定高校的教学质量。通过在评估过程中强调学生学习结果，或者强调某些具体的评价指标、方式或过程，可以有针对性地引导被评高校在教学实践中做出相应改进，从而有效提升学生学习和教学质量。

（3）主体完善：强化评估主体的"多元协同"。

虽然我国的本科教学评估政策从制定和实施两个方面都强调多元主体的参与以及多元开放的发展路径，但是，基于我国主体高校由政府投资举办的国情，政府对高校的领导和管理拥有绝对的"话语权"。同时，由于我国的"第三方评估机构"多受政府领导，接受政府的委托，对政府产生严重的依赖性，导致在评估政策实施过程中，仍存在"政府的越位、缺位、错位现象，学校自主发展、自我约束机制尚不健全，社会参与教育治理和评价还不充分"[①]等问题。因此，未来我国的本科教学评估政策在评估主体上应完善并落实多元主体参与的评估模式。

一是确立多元评估主体的逻辑路向。构建以政府、社会公众和第三方独立评估组织协同参与的多元主体结构，明确各方职责，政府作为评估政策的制定者，在评估中发挥决策和主导作用；社会公众应包含用人单位、家长代表、毕业生代表、公共媒体等利益相关方，在评估中发挥监督作用；第三方评估机构应充分发挥自身的专业优势，在评估中负责具体的执行工作。

二是增强评估各方主体的专业性。政府作为决策者和主导者，要增强评估政策制定的科学性和合理性，引导本科教学评估的规范性发展；社会公众作为监督者，选取的相关利益方代表要经过评估机构组织的培训并取得合格证书后，才能参与评估；第三方评估机构要具备评估资质，如专业的评估队伍、科学的监测技术、合理的评价方法等，并接受政府的监管和公众的监督。

（4）技术赋能：加强现代信息技术的应用。

科学的评估方法能够引导高校理性参评，促进高校的公平竞争与良性发展。随着现代信息技术与教育教学的深度融合，以大数据、云计算、互联网+、人工智能为支撑的智慧教育使教育教学产生了深刻的变革，也给本科教学评估带来了新的机遇。在延续以往学校自评和专家进校考查相结合的评估方式下，未来我国本科教学评估要在加强现代信息技术应用基础上，发展人工智能，强化高校数据治理，增强评估手段的信息化和智能化。一是要建立本科教育数据的管理标准，围绕培养本科生所产生的学生个体与群体、教师、管理者的行为数据和各种综合性数据，从结构数据和非结构数据两种数据类型上，明确本科教育管理和应用的数据范围，规避数据管理成本的扩张。二是利用大数据技术搭建高校信息共享平台与服务系统，实现数据的实时采集，支持多元数据的有效集成，建立适切的模型来高效搜索和分析数

---

① 王璐，王世赟. 厘清"管、办、评"职责，构建政府、学校、社会新型教育治理关系［J］. 教育测量与评价，2018（5）：11.

据，把本科教学的状态以数据形式客观呈现出来，以实现对本科教育教学状态监测的常态化和未来教育质量预测的精准化。

（5）差异发展：细化对不同高校的分类评估。

当多个评估客体之间不完全可比，或者评估客体的客观属性存在较大差异时，实施分类评估有助于提高评估的针对性、有效性和管理决策的精细化。在我国高等教育即将进入普及化的时代，面对体系庞大、分类复杂的各类高校，要继续在国家对教学质量统一性的指导性意见下，进一步实施分类评估。一是根据高校的不同类型，分类建立指导性的评价意见。基于高校的多样性和差异性，以及高校本科教育教学的共性，分类评估指标体系的建立既要体现本科教育教学的共同特征与内在规律，又要在指标权重、内涵、基准、范围等方面对不同类别的高校具有针对性。二是根据不同的评估客体，采取不同的评估模式。目前，国际上主要有三种高等教育质量保障模式：以政府主导的法国评估模式、以同行评议为主的英国审核模式、以民间为主的美国认证模式。我国应在吸取国际先进评估经验的基础上，继续保持"五位一体"的评估制度，在建立针对所有高校教学基本状态数据常态检测基础上，所有高校都应建立常态化的内部自我评估制度；对于新建本科院校、办学基础稍弱、办学条件较差的一般高校，以政府主导的合格评估模式为主；对于办学基础好、办学水平高的重点高校，可以采取审核评估、专业认证和国际评估等多种形式，促使高校主动作为、创造性发展。

（6）评估应用：促进评估对象的良性发展。

对于国外很多国家的高校而言，教学质量评估结果直接与高校受资助款项尤其是科研经费的多少有关，竞争性较强。而我国本科教学质量评估结果的优劣与学校受资助资金联系不强，竞争性较差。随着教育国际化的发展，我国应逐渐施行将评估结果与高校获得的拨款数额挂钩的办法，通过院校教学质量报告，增强主体意识和竞争意识，提升教学管理水平，提高教育教学质量。政府部门依然是我国目前教学评估的重要主体，但许多第三方评估机构、专业协会也开始发挥积极作用，成为教学评估的重要角色。为了使评估行为更好地促进教学质量的提高，应该将评估结果不仅作为经费分配的依据，而且作为高校发展水平高低的判断基础。因此，在重视院校自我评价的基础上，教学质量评估还要加强评估主体和评估客体之间的对话，防止出现某些高校为了改善评估结论而弄虚作假的恶性竞争现象。只有这样，才有利于改变以往评估模式，减轻学校的负担，集中精力改进教学，促使学校能够根据评估结果反馈发现不足，引导高等教育机构之间的合理竞争，提高国际国内竞争力。

（四）建立改革长效机制

高校教学政策的制定与实施过程可以说是发生在国家、社会、学校以及师生等多方之间的权力博弈，谁最终成为"博弈"的优胜者取决于以什么样的思想理念为先导。从高等教育教学改革的一般规律来看，未来我国高校教学政策改革在理念上将呈现如下特征。

1. 教学管理制度改革将从刚性到弹性，从控制到自由

改革开放40多年来，从弹性学分制的实施到大类招生、分流培养等众多教学改革实践，均表明我国高校的教学制度改革正在向更富弹性与自由的轨道稳步前进。从理论上看，它是高等教育内在规律的体现；从实践上看，它是我国高等教育教学质量提升的必经之路。首先，自古以来，在各种教育活动中，人们十分重视尊重差异、因材施教的教学原则。为此，坚持以学生为本，在教学制度的控制与自由之间寻求恰当的平衡点，保障学生在学习中的选择性与开放性等，将是教学管理制度未来的探索方向。其次，大学生的专业选择自主权也不容忽视，若能够让广大学生学其所好、学其所愿，我国高等教育教学计划宏伟目标的达成将指日可待。最后，我国的教学评估制度将回归高校教学本真，进行人性评估。在我国未来的教学评估中，各利益相关者应该更加重视实际的教学过程，改善当前仅以文字或图片等呈现出的教学结果进行评估的弊端，使教学评估与教育实质相融合，真正达到"使人成为人"的目的。为此，未来我国的高校教学评估应更加注重"目中有人，以人为本，人性评估"。

2. 教材建设改革将走向量身定制与开放创新

高质量的教材建设不仅是培养创新型、高素质人才的基本保障，也是高校破解教与学这一主要矛盾不可或缺的重要内容。因此，在教材编写中，应遵循师生兼顾、编荐结合、质量至上等原则，摒弃僵化的编写流程，抵制生搬硬套的形式，力求彰显自身的独创性与创新性，逐步完善高校教材建设管理理念等。

一本好的教材亦当有它的灵魂，不仅能够传授知识，亦可启人智慧。科学的、有特色的教材建设不仅为创新型人才培养提供了知识保障，也为人才

的培养模式提供了制度上的支持。因此，高校教材建设应首先进一步鼓励编写与发展原创教材，根据我国实际发展需求来灵活调整教材内容，在教材编写中适当设置实践模块，采取针对性措施，破解教材建设中的主要问题，力求达成推陈出新的宏大目标。其次，所引进的国外创新型教材，应以我国创新型人才培养的需求为主，尽量满足"量身定制"；所翻译的国外教材也应尽量符合我国学生的学习思维与学习体系，加强引进教材的可读性与可理解性。总之，未来我国的高校教材建设唯有与现实相结合，紧跟世界创新性步伐，才能在保障知识学习的同时，充分实现其理论联系实际、培养高质量人才的内在需求。

（五）突出教学模式改革

1. 本科教学模式改革的必要性

北京师范大学何克抗教授认为："教学模式是指在一定教学理论或教学思想指导下，在实践中形成的相对稳定的教学活动的结构和方式。"[①]这其中包含了教师、学生、教学媒体和教学内容四个要素。它们彼此相互联系、相互作用，形成一个有机的整体，从而构成稳定的结构，即教学模式。

传统的教育思想过于倚重知识的传承，把传承性置于教学的中心位置，注重"教"的传授过程，忽视"学"的认知过程，忽视对学生自主学习、自主探究能力的培养。在教学过程中，往往注重理论教学，实践教学相对薄弱；注重知识传授，能力培养欠缺；注重学生对知识体系的掌握，忽略学生自主探究意识的培养和研究能力的训练，在一定程度上造成大学生综合素质不够健全，批判性思维、想象力和创新能力欠缺，不能将所学的知识与社会要求相结合，实际应用能力不足，缺乏拼搏精神，缺乏与他人合作和沟通的意识，不能适应社会对复合型人才的需求。

以教师为中心，一切全由教师安排的教学模式，使大学生成了被动的木偶，毫无积极性可言。而且现在的大学生已经是高等教育大众化下的学生，不再全部都是学习精英，故而出现了少数大学生在教师上课时逃课、看小说、开小差、讲话等各种消极表现，大学生中还普遍存在缺乏创新意识、问题意识和研究能力不强等问题。

---

① 何克抗. 建构主义的教学模式、教学方法与教学设计 [J]. 北京师范大学学报（社会科学版），
　1997（5）：75.

2. 本科教学模式改革的必然趋势

（1）课堂教学模式改革将从教师本位转向学生本位。

课堂教学模式的选择在很大程度上取决于人们的知识观和师生观，而每个时代的知识观则取决于当时的知识范式，两者相依相存，不可拆分而论。故想要使课堂模式得以转变，应首当着手于思想理念的转变。首先，在未来的教学模式中，教育者应力求将创新性学习模式与启发式教学理念相结合，大力培养学生的创新实践能力和学会学习的能力。其次，高校教师要以彻底改变"填鸭式"教学方式为支点，以探索自主性、研究性教学方法为突破口，构建以学生发展为核心的多样化、创新性教学模式。总体而言，我国对教学模式的研究，走过了自内而外，由理论到实践，再从重知到重育的发展历程，在诸多高校间也取得了相当可观的成就。虽然由于各种客观与主观原因，许多地方院校仍存在着教学模式陈旧等问题，但在新一轮的教学改革中，许多专家学者对地方院校中存在的各种问题都加大了重视力度。此外，随着人工智能时代到来，信息技术的革新换代也将给我国高校的教学模式带来新的曙光与机遇。如许多有条件的高校已经开通了慕课，大学生在信息技术支持下，也可以根据自身兴趣与需要随时随地学习各种知识、锻炼自身能力。总之，随着社会的发展以及教学改革的持续进行，我国的教学模式终将从教学观念、信息技术运用以及师生角色等方面实现彻底的转变。

（2）以研究性教学为主，提高学生主动建构的能力。

研究性教学在国外被称为主题研究或项目课程，是面对知识经济的挑战，国际上普遍认同和实施的一种新的教学模式。一般而言，研究性教学是指在教师指导下，学生从学习生活和社会生活中选择并确定研究专题，用类似科学研究的方式，主动地获取知识、应用知识、解决问题的教学模式，具有重过程、重应用、重体验、重参与的特点，对于激发学生的学习兴趣、培养学生的创新意识与能力具有积极作用。

研究性教学的基本思想是建构，而非授受。知识观是科学教学的认识论基础，知识观的发展变化必然会引起科学教学范式的转变。基于客观主义知识观的传统的科学教学是一种"知识授受式"的教学范式，认为科学教学的目的就是掌握人类积累下来的精确的科学文化知识。

建构主义知识观认为，知识的获取是人们根据现有的理论来建构科学知识，强调科学知识是暂时的、主观的、建构性的，它会不断地被修正和推翻。建构主义知识观强调知识的相对性，认为知识仅仅是人们对客观世界的一种解释、假说或猜测，仅仅在一定阶段或一定范围内或一定程度上是正确的，而并非问题的终极答案。建构主义知识观还特别强调知识发生的情境，这意味着真正的理解只能由学习者自身基于自己的经验背景而构建起来。

以建构主义知识观为基础的新的研究性教学的教学模式，其基本教学设计思想是：教师要组织提供一种有利于学生自主建构知识的、良好的学习环境的设计，如与学习主题相关的情境创设、必要的信息资源的提供、合作学习的组织和探究性或研究性学习的指导等。这样可以有效地激发学生学习的主动性和积极性，从而实现对知识的自主学习、自主建构。

学校在主干课程中全面推进启发式、研究式、问题式、案例式、研讨式等研究性教学模式，将知识传授与研究方法和研究能力的培养结合起来，强化自主性、研究性学习，提高学生的自主学习能力；强化课程研究性教学方案设计，明确课程教学目标、提炼课程研究专题主线、以问题为导向组织教学内容、确立研究性教学训练载体、建立与研究性教学相适应的考核办法。推进研究性教学方案的实施，加强教学过程研究，加强课外学习的要求和指导，强化答疑辅导和批改作业环节，加大平时考核比重，建立形成性评价与终结性评价相结合的考核办法。

（3）积极探索多种教学模式，促进教学过程创新。

第一，"三三制"。南京大学自2009年开始实行"三三制"，第一个"三"体现在三个培养阶段。把本科四年分成三个阶段，第一个阶段是通识教育培养阶段，主要由新生研讨课程计划和通识教育课程计划两部分组成；第二个阶段是专业培养阶段，由学科大类平台课程计划和专业领域课程计划两部分组成；第三个阶段是多元培养阶段，执行的是个性化的课程计划。

在多元培养阶段，学生可以在专业学术类、跨专业学术类和就业创业类三个方向上进行选择。这三条发展途径的选择体现出"三三制"的第二个"三"。选择专业学术类路径的学生将会执行按照本专业研究生的能力要求设计的培养计划，包括参加研究生的学术活动、教授的课题、顶峰课程学习等；选择跨专业学术类路径的学生在完成规定的本专业准出和新专业准入的学分和考试条件后，可以修读第二学位，毕业后，可以选择跨专业报考研究生；就业创业类是为了要满足一部分学生投入社会实践的需求，培养他们的就业创业能力。可以看出，"三三制"实际上是南京大学的传统与世界一流大学经验有机融合的结果。

第二，Seminar教学模式。Seminar教学模式起源于18世纪的德国，并于

19世纪70年代在美国兴起，是英国、美国、加拿大、澳大利亚、德国、日本等西方国家大学本科和研究生教学中非常重要且普遍使用的教学模式。

Seminar教学提倡的是一种探究、研究的教学理念，在这种理念下，课堂是教师与学生之间，学生与学生之间对话、沟通、交锋、理解、共享、合作的平台。在西方，Seminar教学模式普遍被应用于研究生教学和本科高年级教学，但在一些研究型大学也尝试了在本科一年级引入Seminar教学模式，并收到了良好效果。典型的Seminar教学模式可分为教学准备、教学实施和成绩评定三个主要方面。

应根据Seminar教学模式的特点和要求进行课程改革。课程改革包括了对于教学方法、课程内容、学时分配、考试方法等方面的改变和创新。

首先，Seminar教学模式的引入，要求教师掌握两种不同的教学方法，即教师既熟悉传统的课堂讲授的教学方法，又能熟练运用Seminar教学模式，引导学生进行探究式的教学活动。但是，由于Seminar教学模式的创新性，使其不同于传统的教学方法，教师对于这种新的教学方式的适应和掌握，往往需要一个过程，有必要时，学校需要对教师进行集体培训或是派教师外出学习取经。

其次，Seminar教学模式要求本科院校在课程内容上进行更新。Seminar教学不应是课堂讲授教学内容的简单重复，而应是课堂讲授内容的补充、深化、扩展和应用。Seminar的课程内容要兼顾学科的专业性、广泛性、学术性和前瞻性，避免选题过于单一或是课程内容过窄，以便充分调动学生的学习兴趣。

最后，Seminar教学模式要求本科院校在课程时间分配上进行新的尝试。由于总的课时数量一定，在引入Seminar教学后，存在一个课时数量分配问题，即如何合理分配Seminar教学与课堂授课教学以及实验教学的学时数，并将三者有机结合，在一个学期内同时开始，相互配合，交错进行。Seminar教学不适合大班教学，针对我国本科学生人数较多的现状，要对人数进行合理的分班安排，以达到较好的教学效果。

与此同时，Seminar教学模式还要求本科院校在考试方法上进行创新。在引入Seminar教学模式后，学生总成绩的构成比例发生了变化，不仅仅只有常见的期中、期末考试，更将Seminar教学模式自身的考核方式纳入总的评分系统中，来综合评价学生的学习成绩和学习效果。因此，制定合理的考试方法和分数的评定结构，确定Seminar成绩在总成绩中所占比例，对于学生的考评、激励以及Seminar教学模式的持续实施也是非常重要的。

第三，线上线下混合教学模式。慕课即大规模、开放式在线课程。慕课既不同于传统的通过广播教学、网络教学、在线辅导答疑等形式的远程教育，也不完全等同于近期兴起的网络视频公开课，更不同于网络在线学习软件。慕课中融合了课堂教学、学生学习进程、学习体验、师生互动等环节，使整个在线教学过程更加完整和系统。

翻转课堂与传统课堂教学模式不同的是，学生在家通过教师发布的视频完成学习任务，课堂变成了教师与学生之间和学生与学生之间互动的场所，包括答疑解惑、知识运用等。其实质是重新建构了学习流程，由原来的"先教后学"转变为"先学后教"的模式。翻转课堂可以帮助学生实现对慕课内容的吸收和内化。翻转课堂将课堂的主动权由教师向学生倾斜，教师作为导师参与到学生的讨论中。

课程质量是根本保障，课程内容是技术支撑，课程体系构建的目标是培养应用型高级技术人才。课程体系的构建应体现"以生为本"的思想，应面向区域地方经济全方位开放，随时接受来自社会的各种挑战。优化课程结构，在慕课混合模式下，协调好理论课和实践课的比例关系，实现课程一体化。翻转课堂是整个课程体系的关键，既可以检验学生的学习情况，也可以针对学生在学习过程中遇到的问题做一些个性化的指导，还可以通过分组讨论的形式让学生对课程有更深层次的理解和吸收。翻转课堂的课内任务应该紧紧围绕课前任务及慕课重点和难点进行设计。

（4）增加学习过程考核，建立多元化学业考评机制。

以往对大学生学习的评价关注的重点在于"知道""了解"等低级认识能力的考查，注重检测大学生对教学目标的达成度，是一种低层次的结果性评价。

2018年9月颁布的《关于加快建设高水平本科教育 全面提高人才培养能力的意见》指出，要"严格过程考核，加大过程考核成绩在课程总成绩中的比重"。2019年9月发布的《教育部关于深化本科教育教学改革 全面提高人才培养质量的意见》进一步地指出要"科学确定课堂问答、学术论文、调研报告、作业测评、阶段性测试等过程考核比重"。可见，新的本科教育教学改革政策更加注重对大学生的形成性评价，加大了过程性考核成绩在学生总成绩中的占比，打破了以往评价不重视学习过程的弊端。新的本科教育教学改革政策在注重对大学生学习过程考核的同时，还从政策层面要求建立多元化学业考评机制。2018年9月颁布的《关于加快建设高水平本科教育 全面提高人才培养能力的意见》指出，要"健全能力与知识考核并重的多元化学业考核评价体系，完善学生学习过程监测、评估与反馈机制"。

2019年9月发布的《教育部关于深化本科教育教学改革 全面提高人才培养质量的意见》也明确规定要"完善过程性考核与结果性考核有机结合的学业考评制度，综合应用笔试、口试、非标准答案考试等多种形式"，以便对大学生的学习情况做出全面、客观、科学的评价。教育部颁布的《关于一流本科课程建设的实施意见》进一步地指出要"强化阅读量和阅读能力考查""丰富探究式、论文式、报告答辩式等作业评价方式""加强非标准化、综合性等评价"，以此来分别提升课程学习的广度、深度和挑战度。在这些特点中，采用非标准答案考试可谓更加突出和富有特色，是本科教育教学改革创新性的一个重要举措。长期以来，高校基本上都采用标准答案考试，只注重对大学生认知目标的考查，而且这种认知目标的考查主要聚焦于"知道""理解""应用"等低级认知能力方面，这不仅很难培养学生独立思考的能力，而且是造成学生平时逃课、考试作弊的重要原因。如果采用非标准答案考试，主要考查学生的分析、推理和评价过程，学生就没有机会作弊，在课堂上自然也就会认真听讲，也会按照教师的要求认真查找资料和进行独立思考，也就不可能靠考前临时背一下就能轻松及格或者获得高分。非标准答案考试是对学生高级思维能力的挑战，注重对学生实践能力和创新能力的考核，对于培养基础知识扎实、思维方式科学，同时具有独立思考能力、善于想象创新的好学生以及激发大学生主动、自发学习都具有重要的意义。